DESCRIPTION

DE

L'AÉROSTATE

L'ACADÉMIE DE DIJON,

Contenant le détail des procédés, la théorie des opérations, les deffins des machines & les procès-verbaux d'expériences.

Le tout extrait du compte rendu à cette Société par MM. de Morveau, Chauffier & Bertrand.

Suivi d'un effai fur l'application de la découverte de MM. de Montgolfier, à l'extraction des eaux des mines.

A DIJON,

Chez Causse, Imprimeur du Parlement, de la Ville & de l'Académie des Sciences, place St. Etienne.

Et fe trouve à Paris.

Chez Theophile Barrois, Quai des Auguftins.

M. DCC. LXXXIV.

AVEC APPROBATION ET PRIVILEGE DU ROI.

L'impreſſion de ce volume ayant retardé celle du Cahier Sémeſtre de l'Académie pour la partie des Sciences & Arts, il ne paroîtra que ſur la fin de Juillet, au lieu du 25 de ce mois.

TABLE.

Fin de la Table.

Note à ajouter à la page 198.

Je viens de recevoir une lettre de M. de Sauſſure, dans laquelle il m'avertit que c'eſt le 70ᵉ. degré, & non le 50ᵉ., de l'échelle de ſon hygrometre, qu'il regarde comme le terme moyen de l'humidité dans nos climats; parce que ce terme doit être calculé, non d'après les extrêmes poſſibles, mais d'après les extrêmes obſervés, & qu'il n'a jamais vu cet inſtrument marquer une ſéchereſſe plus grande que d'environ 40 degrés, à moins qu'il n'eût employé des moyens extraordinaires, comme des ſels abſorbans, ou une chaleur ſupérieure à celle du ſoleil dans la zone tempérée.

Ainſi nous ſommes partis à 13 degrés ½ d'humidité au deſſus du terme moyen, & nous avons éprouvé à la plus grande hauteur (pag. 204) une ſéchereſſe de 4 degrés ½ au deſſous de ce terme, ce qui fait une variation de 18 degrés.

APPROBATION.

Nous soussignés Commissaires nommés par l'Académie des Sciences, Arts & Belles-Lettres de Dijon, en exécution des ordres de Monseigneur le Garde des Sceaux, avons examiné un manuscrit ayant pour titre : *Description de l'Aérostate L'ACADÉMIE DE DIJON*, &c. avec les *procès-verbaux des expériences des 27 Avril & 12 Juin 1784*, suivie d'un *essai sur la maniere d'appliquer cette découverte à l'extraction des eaux*, &c. ; & nous n'y avons rien trouvé qui nous ait paru devoir en empêcher l'impression. A Dijon, ce 15 Juin 1784. *Signé*, LEMULIER DE BRESSEY, GROSSART DE VIRLY.

Le privilege se trouve à la fin des nouveaux Mémoires de l'Académie de Dijon, second Sémestre 1782.

ERRATA.

Pag. 4, lign. 3, que nous avons, *lisez*, que nous avons eu.

Pag. 15, lign. 15, globle, *lisez*, globe.

Pag. 85, lign. 19, tourtes de fer, *lisez*, tourtes de terre.

Pag. 121, lign. 27, globle, *lisez*, globe.

DESCRIPTION
DE L'AÉROSTATE

L'Académie de Dijon,

CONTENANT *le détail des procédés la théorie des opérations, les deſſins des machines, & les procès - verbaux d'expériences.*

LE tout extrait du compte rendu à cette Société par MM. de Morveau, Chauffier & Bertrand, Commiſſaires, le 29 avril 1784.

ON avoit paru étonné de ce que dans une ville où les ſciences étoient cultivées avec ardeur, perſonne n'eût encore entrepris de répéter la magnifique expérience de MM.

A

de Montgolfier, tandis que l'Europe entiere en étoit occupée, & que les papiers publics étoient remplis des récits de ses succès dans les différentes villes du royaume. L'Académie des sciences, arts & belles-lettres de Dijon, arrêta, dans sa séance du 4 décembre 1783, de faire cesser ce reproche que l'on paroissoit lui adresser, en proposant une souscription pour fournir aux dépenses de cette entreprise; elle annonça en même temps qu'elle ne s'en occuperoit qu'autant que l'expérience seroit digne de son objet par le volume du globe, & par quelques tentatives pour assurer & étendre le fruit de cette précieuse découverte. MM. de Morveau, Chauffier & Bertrand furent chargés de diriger la construction du Ballon, & toutes les opérations nécessaires pour rendre l'expérience complette.

La rapidité avec laquelle les cent premieres souscriptions furent remplies, décida cette société à annoncer, dans sa séance publique du 21 du même mois, qu'elle alloit faire travailler tout de suite à la construction d'un Ballon rempli de gas inflammable, suffisant pour porter une gondole, dans laquelle monteroient deux personnes pour essayer d'en diriger la marche.

Dans les précédentes séances, & particuliérement dans la séance du 11, MM. les

Commiffaires avoient communiqué à l'Académie les procédés qu'ils croyoient devoir préférer, & les deffins des machines qu'ils fe propofoient d'employer : ils n'ont ceffé depuis, & pendant toute la durée du travail, de lui faire part des réfultats de leurs effais & de leurs obfervations ; mais comme ils ont eux-mêmes réuni tous ces objets, avec tous les détails qu'ils exigent, dans le compte qu'ils ont rendu à l'Académie, la publication de ce rapport fera fuffifamment connoître leur travail ; on y trouvera en même temps le récit des événemens qui ont fucceffivement retardé cette expérience.

COMPTE rendu à l'Académie des Sciences, Arts & Belles-Lettres de Dijon, le 29 avril 1784, par MM. de Morveau, Chauffier & Bertrand.

MESSIEURS,

Depuis le jour où vous nous avez nommé Commiffaires, MM. Chauffier, Bertrand & moi, pour réalifer fous les yeux de nos compatriotes, la belle découverte de MM. de Montgolfier, nous n'avons ceffé de nous occuper de cette grande expérience ; l'émulation de concourir pour quelque chofe à la perfection, à l'utile application de ce nouvel art qui promet à l'homme l'empire d'un autre élément, nous a foutenus dans la carriere pénible que nous avons à parcourir. Il eft temps de vous rendre compte de nos travaux. Pour le faire avec ordre, nous diviferons ce rapport en quatre parties.

La *premiere* aura pour objet l'enveloppe ou la matiere du Ballon, à quel degré de perfeᵗtion on peut efpérer de la porter, & les moyens d'y arriver.

La *feconde* traitera des gas deftinés à remplir les Ballons, de leurs diverfes qualités, des procédés pour les obtenir, & de leurs avantages comparés par rapport à la légéreté & à l'économie.

La *troifieme*, des moyens de diriger les machines aéroftatiques, de l'effet que nous avons obtenu de ceux que nous avons employés, & des précautions néceffaires pour en affurer le jeu.

La *quatrieme* contiendra la defcription complette de notre Aéroftate, les procédés de conftruᵗtion, les réfultats de nos effais, & un extrait du journal de nos opérations.

Nous ne ferons que vous redire, MM., ce dont vous avez été vous-mêmes témoins en vous parlant des accidens qui ont fi fouvent gêné notre marche, trompé nos efpérances, ou du moins retardé notre expérience, qui nous ont ainſi laiſſé, près de trois mois entiers, expoſés à des jugemens…. mais un feul jour a changé en rofes toutes ces épines. Nous croyons rêver, quand nous nous rappellons l'accueil attendriſſant que nous avons reçu de nos compatriotes à notre retour, les démonf-trations d'alégreſſe, comme dans les grands événemens de la félicité publique, les honneurs même qu'ils nous ont prodigués. Nous ne fai-fons effort pour nous en perfuader la réalité, que parce que cette opinion doit être à ja-mais la mefure de notre fenfibilité & de notre reconnoiſſance. Nous ne parlerons donc de ces accidens que lorfque l'occaſion fe pré-fentera d'indiquer la maniere de les éviter. On ne peut juger la force d'une machine qu'en faifant état de tous les frottemens qui en di-minuent la puiſſance; & pour entrer dans vos vues, nous voulons faire fervir nos fautes même, à l'inſtruction de ceux qui fe charge-ront après nous de la même tâche.

PREMIERE PARTIE.

De la nature des enveloppes & du degré de per-fection dont elles font fufceptibles.

Il ne fera principalement queſtion ici que des enveloppes de la nature de celles qui font deſtinées à recevoir le gas inflammable, nous

A iij

expoſerons les raiſons qui nous ont déterminé à préférer ce gas ; mais auparavant nous croyons devoir avertir que nous n'avons jamais entendu décider, par cette préférence, une queſtion que la premiere Académie des ſciences a laiſſé ſubſiſter, en adoptant à ce ſujet l'avis de ſes Commiſſaires (1). Nous ajouterons même que quand cette préférence ſeroit définitivement jugée , cela n'ôteroit rien à la gloire de MM. de Montgolfier , qui, connoiſſant les diverſes manieres de réaliſer leur invention, auroient tourné leurs vues vers celle qui leur paroiſſoit plus facile & moins diſpendieuſe , qui devoit par conſéquent précéder dans l'ordre des choſes.

Il n'eſt pas poſſible ſans doute de juger aujourd'hui toutes les applications que l'on fera dans la ſuite des temps, de cette belle découverte. Tous les Phyſiciens la regardent déjà comme devant leur fournir un inſtrument très - précieux pour vérifier un grand nombre de faits ſur leſquels ils ne pouvoient avoir que des hypothèſes. Il eſt certain encore qu'elle offre à la méchanique un moteur juſqu'alors inconnu, & qui pourra devenir très-utile , ainſi que j'ai eſſayé de le faire voir

____

(1) Rapport fait à l'Académie des ſciences le 23 décembre 1783, ſur la machine aéroſtat. pag. 23.

dans un mémoire préfenté à l'Académie le 18 nov.^{re} 1783, fur les moyens d'employer l'air dilaté des machines Montgolfier, à l'épuifement des eaux des mines (1). Mais il n'eſt pas moins vrai de dire que de tous les avantages qu'elle promet, le plus grand, celui qui flatte le plus l'imagination, celui qui en ce moment occupe le plus tous les efprits, eſt entiérement fubordonné à la poffibilité de diriger en l'air ces machines, & de s'en fervir, comme on fe fert fur mer des vaiffeaux, pour franchir l'efpace & fe porter à des points donnés.

Cela pofé, il faut convenir d'un autre principe qui eſt, que le plus grand obſtacle que l'on éprouve dans ce projet, tient au volume de ces machines. Si l'on n'avoit qu'à diriger une nacelle, une gondole, ou autre petit bâtiment propre à contenir deux ou trois hommes feulement, il eſt certain que le problême de la direction feroit déjà réfolu complétement. Deux rames telles que celles que nous avons fait appliquer à notre gondole, fuffiroient pour la gouverner, non-feulement dans

------

(1) L'Académie a approuvé que ce mémoire fût imprimé à la fuite de ce rapport.

le calme, mais même contre le vent, à moins qu'il ne fût très-violent, parce que la réfiftance de la furface de la proue de cette petite barque, ne feroit prefque rien en comparaifon de la furface que nous avons donnée à ces rames, & que cette puiffance ou fon effet utile feroit encore augmenté, & par la forme creufe de ces rames, & par la faculté de leur imprimer une certaine vîteffe; de forte qu'il n'y auroit de véritable obftacle qu'un vent *de bout*, c'eft-à-dire, directement oppofé à la proue, dont la vîteffe furpafferoit le produit des furfaces des rames, par toute la vîteffe que la main pourroit leur imprimer, & ce cas feroit très-rare.

Mais la gondole étant portée par le Ballon, elle ne peut fe mouvoir qu'avec lui, & il préfente à l'air une fi grande furface, l'impulfion qu'il reçoit en conféquence de la plus petite agitation naturelle, eft fi confidérable, qu'on ne peut avoir l'idée d'une amplitude de rames, capable de lui faire équilibre.

Delà il réfulte que plus les Ballons feront volumineux, plus cet obftacle fera grand, plus il y aura de difficulté de le vaincre. Or, les volumes des Ballons devant être d'autant plus grands que le fluide qui les remplit s'éloigne moins de la pefanteur de l'air commun déplacé, il eſt de la derniere évidence que les Ballons remplis d'air dilaté par la chaleur, devront avoir un volume capable de déplacer plus que le double, pour produire la même légéreté ſpécifique (1) que les Ballons remplis de gas inflammable ; l'obſtacle à la direction ſera donc auſſi plus que double.

Nous ne nous diſſimulons pas que la préférence ne ſera jamais décidée que par le parallele des avantages combinés des deux méthodes, & que la facilité de ſe procurer à peu de frais, en peu de tems, en tous lieux, le fluide dilaté de MM. de Montgolfier, & même l'économie ſur les matieres de l'enveloppe, mettront toujours un grand poids dans la balance ; mais l'air dilaté ne conſervera ces avantages, qu'autant que l'on ne trouvera point d'enveloppe capable de retenir le gas inflammable, ſans le laiſſer échapper, & qui une fois faite, ſoit aſſez ſolide pour durer long-temps ; car alors, on ſent que la dépenſe premiere de cette enveloppe, à quoi qu'elle puiſſe mon-

---

(1) On verra que l'on peut déjà obtenir des végétaux un gas inflammable, qui ſeroit à l'air commun : ; 1 : 3, 9 ; & l'air dilaté fut eſtimé par MM. les Commiſſaires de l'Académie royale des ſciences, lors de l'expérience du 17 octobre, à peu près aux $\frac{2}{3}$ du poids de l'air commun. *Rapport*, &c. pag. 22.

ter, ne fera plus rien en comparaifon de la dépenfe répétée pour l'entretien de l'air dilaté, fans compter l'embarras des enveloppes propres à ce fluide, la charge habituelle des matieres pour y alimenter le feu, & le danger toujours inftant, ou de le voir éteindre fubitement, ou de le voir confumer toute la machine. Or, il ne nous paroît pas, à beaucoup près, impoffible de trouver par la fuite une matiere d'enveloppe pour le gas inflammable, qui rempliffe ces conditions.

Il a déjà été queftion de faire des globes de feuilles minces de métal pour parer aux dangers du feu, en employant l'air dilaté; un coup d'œil fur l'étendue qu'un pareil globe devroit avoir pour couvrir par fon volume le poids toujours croiffant en proportion de la matiere de fon enveloppe, paroît fuffire pour en démontrer l'impoffibilité, & cela tient au peu de légéreté refpective du fluide qui doit le remplir.

Suppofons que des feuilles de laiton laminées à $\frac{1}{8}$ de ligne, préfentent affez de folidité, un pied quarré de ces feuilles pefe communément de 66 à 67 gros, ce qui donne pour un globe de 50 pieds de diametre feulement, un poids total de près de 4000 livres, fans compter les recouvremens, les foudures & les renforcemens indifpenfables. Or, un globe de ce diametre déplaçant environ 5600 livres d'air commun, il s'en faudroit 1200 livres qu'il ne pût se soutenir seul en l'air, étant plein d'air actuellement dilaté, même en admettant que l'on pût y entretenir une dilatation capable de diminuer de moitié l'air athmosphérique; & un pareil globe rempli de gas inflammable, qui fût seulement dans le rapport de pesanteur avec l'air commun : : 1 : 6, jouiroit déjà d'une légéreté respective de 667 livres.

Il n'y a donc pas de doute que si l'on se détermine à faire la dépense d'une enveloppe métallique (ce qui n'arrivera que quand le problême de la direction résolu en assurera l'utilité constante), on donnera encore bien plus sûrement la préférence au gas inflammable, comme n'exigeant qu'un volume moitié moins considérable, se prêtant en conséquence plus facilement aux mouvemens qu'il faudra donner à la machine, & parce que le Ballon une fois rempli ne perdra plus, & sera toujours prêt à partir. Dans ce cas, le gas le plus léger deviendra évidemment le moins dispendieux, parce qu'il n'entrera plus que dans la dépense premiere, & que le prix en sera compensé & au delà par la diminution proportionnelle du volume du globe. On emploiera donc alors le gas tiré du zinc, qui, comme nous le dirons ailleurs, peut être eftimé moyennement dans le rapport de pefanteur avec l'air commun : : 1 : 12, & le globe de cinquante pieds aura une force d'afcenfion de 1133 livres.

Nous prévoyons que l'on pourra faire à ce fujet deux objections. La premiere, fondée fur ce qu'un globe métallique n'étant pas fufceptible de changer de dimenfions, en le fuppofant plein de gas inflammable, on n'auroit plus la même facilité de le vuider en partie pour defcendre à volonté. On pourroit répondre que rien n'empêcheroit de placer également à la partie fupérieure une foupape, dont le cordon feroit dans la main du voyageur, & qui, au moyen d'une autre foupape inférieure, établiroit un courant d'air qui auroit bientôt déplacé affez de gas pour déterminer la defcente. Mais la vraie réponfe à cette objection eft que toute defcente par la déperdition du gas eft un vice, qui ne fubfiftera que jufqu'à ce que le temps ait perfectionné ce nouvel art; & nous efpérons faire voir, dans la troifieme partie, que cette manœuvre peut & doit tenir effentiellement aux moyens de direction.

La feconde difficulté feroit de favoir comment on parviendroit à remplir de gas inflammable, un globe dont il ne feroit pas poffible d'exprimer l'air commun. On fera tenté de répondre pour nous, que l'on peut en venir à bout par des moyens méchaniques, en revêtiffant le globe d'une charpente folide, le rempliffant d'eau par une ouverture pratiquée à la partie fupérieure, que l'on fermeroit enfuite, & introduifant les fiphons par une ouverture inférieure plongée dans une grande cuve : mais il nous paroît que l'on ne doit conclure la poffibilité d'une opération qu'après avoir établi un rapport quelconque entre la fomme des dépenfes qu'elle exigeroit, & l'effet qui en réfulteroit. Or, fi on s'arrête un inftant à confidérer quelle force de charpente feroit néceffaire pour rendre un globe pareil capable de porter 4480000 d'eau, qu'il contiendroit à 40 pieds de diametre, avec quel art elle devroit être ajuftée pour foutenir par-tout également la preffion, on fera bientôt convaincu que cela eft impoffible dans l'exécution. Mais il y a réellement une maniere très-fimple de remplir le même objet; les principes qui nous ont conduits à la découvrir, & les expériences que nous avons faites pour en vérifier l'application, ne paroîtront pas déplacés dans ce rapport.

Le gas étant fenfiblement moins pefant que l'air athmofphérique, doit s'élever & fe tenir au deffus. Cette regle phyfique qu'obfervent conſtamment tous les fluides, ceſſe néanmoins lorſqu'il y a entr'eux une affinité chymique de compoſition, car alors ils ne forment plus qu'un tout homogene qui ſe diſtribue également dans tous les points de l'eſpace que la ſomme de leur volume doit occuper. Cette affinité exiſte-t-elle entre le gas inflammable & l'air commun? On peut le conjecturer de la promptitude de l'exploſion que donne le mêlange de ces deux fluides, & ſur-tout de la facilité avec laquelle l'étincelle électrique produit cette détonnation en vaiſſeaux clos, dans quelque poſition qu'on les préſente à l'électrophore. D'autre part, le gas inflammable n'eſt probablement que le phlogiſtique : ſi ce n'eſt le phlogiſtique pur, comme le croit M. Kirwan, du moins eſt-il bien peu éloigné de cet état de pureté, & l'on ſait avec quelle affinité il eſt attiré par l'air vital dans les calcinations métalliques, & que même ſans combuſtion, ſans le ſecours de la chaleur, l'air vital, ou la portion de cet air qui ſe trouve dans l'athmoſphere, enleve le principe inflammable au vitriol de mars, à la chaux blanche de manganèſe elle-même. Enfin, nous verrons que le gas inflammable qu'on recueille dans les appareils ordinaires, par les diſſolutions métalliques, participe ſenſiblement dans les commencemens de la peſanteur de l'air commun resté dans les vaisseaux ; ce qui prouve qu'il ne le traverse pas sans se mêler, ce qui annonce une sorte d'union par affinité.

Il convenoit cependant de chercher à s'en assurer par des expériences directes ; c'est ce que nous avons fait de la maniere suivante.

Nous avons ajusté au robinet d'une grande cloche de verre, un tuyau A, *fig.* Ire. qui étoit de la longueur du globe B, & qui ne remplissoit au plus que moitié de l'ouverture inférieure. Ayant rempli d'air inflammable du zinc, la cloche de verre C, nous avons ouvert le robinet, & plongé la cloche dans l'eau pour forcer le gas à monter par le tuyau de verre dans le globle. Cela fait, nous avons soulevé doucement la cloche pour en faire sortir le tuyau de verre ; nous avons vissé au bas du globe le robinet portant le crochet de suspension, pour en faire la pesée à l'ordinaire, & nous trouvâmes que le fluide renfermé dans le globe, étoit à l'air athmosphérique : : 1 : 6. L'air ayant été pesé dans le même globe (suivant notre usage constant), on pouvoit conclure qu'il y avoit eu quelque peu de mélange, puisque le gas du zinc ne jouissoit pas de toute la légéreté qu'il devoit avoir ; mais il n'étoit pas moins certain que ce mélange étoit très-foible, & que ce procédé pourroit très-bien servir à remplir de gas un ballon folide, fans en déplacer l'air commun par l'eau.

M. de Virly, notre confrere, qui étoit préfent à cette expérience, imagina une autre maniere de vérifier à quel point & en combien de temps fe faifoit le mêlange des deux fluides. Il s'agiffoit d'introduire le gas dans le globe, en le portant toujours au deffus du globe par un tuyau, & de donner dans le bas une iffue d'un égal diametre à l'air qui devoit être déplacé; de préfenter à l'extrêmité de ce dernier tube une chandelle allumée, pour faifir l'inftant où il commenceroit à fortir du gas inflammable; enfin, de dofer exactement le gas qui devoit remplir le globe, pour n'être pas trompé par la portion excédente, qui feroit à la fin expulfée à fon tour. (Voy. l'appareil, fig. 2.)

Ayant d'abord rempli la cloche A, de la quantité de gas néceffaire pour déplacer tout l'air du globe B, nous avons ouvert le robinet de communication & enfoncé la cloche dans l'eau pour faire monter le gas par le tuyau C. Pendant tout le temps qu'il a fallu pour vuider entiérement la cloche, on tenoit une chandelle allumée à l'orifice D du tuyau de décharge, & nous avons obfervé qu'elle avoit été conftamment foufflée comme par l'air commun pur, & qu'il n'y avoit eu d'inflammation

mation que dans le dernier inftant, c'eft-à-dire, quand tout le gas de la cloche étoit paffé dans le globe, ce qui vient fans contredit de ce que la cloche a été comprimée fur l'eau au delà du point précis; & nous avons bien éprouvé qu'il étoit dangereux de chercher à s'y arrêter, car la cloche ayant été tant foit peu foulevée dans une de ces expériences, l'air commun rentra fubitement par le tuyau D, le mêlange prit feu à la chandelle, & les vaiffeaux furent brifés dans mes mains par l'explofion.

Cette expérience a donc, non-feulement confirmé la premiere, elle a prouvé de plus que lors même que l'air commun étoit preffé par le gas, ne pouvant s'échapper que par une iffue étroite, pourvû que le gas fût toujours dans le haut, il n'y avoit pas de mêlange, du moins en quantité affez fenfible pour que le fluide qui étoit chaffé, fût ni inflammable, ni détonnant.

Ainfi la poffibilité démontrée de remplir de gas inflammable un globe non flexible, ajoute un nouveau motif de préférence de cette méthode, par le choix qu'elle laiffe pour la matiere de l'enveloppe, & l'efpérance d'en trouver une qui ait toutes les propriétés que l'on peut defirer. Il n'eft pas temps d'indiquer quelles font ces propriétés, nous nous en

occuperons en terminant cette premiere partie; mais auparavant nous devons expofer les
procédés que nous avons fuivis, les réfultats
qu'ils nous ont donnés, & les obfervations
que nous avons recueillies, puifque ce n'eft
que fur ces faits que nous pouvons affeoir
une conclufion folide.

§.

Ces confidérations nous ayant déterminés
à nous fervir de gas inflammable, nous reconnûmes bientôt que le taffetas verni, ainfi
que l'avoient employé MM. Charles & Robert, étoit de toutes les matieres celle qui
réuniffoit le plus la folidité & la légéreté ;
nous étions bien prévenus qu'on n'avoit pas
encore réuffi à la rendre imperméable au gas,
nous prîmes la réfolution de tenter divers
effais pour perfectionner l'enduit, & nous
nous livrâmes d'autant plus volontiers à l'efpérance d'y réuffir, que nous étions alors
plus perfuadés que cette condition étoit la
feule que l'on pût defirer dans cette efpèce
d'enveloppe.

Nous ne rappellerons pas ici toutes les
tentatives que nous avons faites à ce fujet
dans le laboratoire de l'Académie, & dont
nos confreres ont fouvent vu & examiné avec
nous les produits. Il fuffit de dire que nous

avons essayé successivement plus de trente compositions différentes & en différentes proportions d'huiles grasses, essentielles, de résines, de mucilages, & autres matieres animales & végétales (1). J'avois lu (autant que je puis me rappeller dans le journal de M. Crell) que la glu, cette substance que l'on tire de la seconde écorce du houx, & qui se trouve dans le commerce, avoit des propriétés fort analogues au caoutchouc ou résine élastique de Cayenne; & M. Champy notre confrere, à qui j'avois fait part de cette observation, ayant apporté à l'Académie, le 4 décembre, des échantillons de taffetas couvert d'un enduit préparé avec cette matiere, nous la fimes entrer dans un grand nombre de ces essais.

Nous jugeâmes bientôt que la combinaison directe de la glu avec l'huile de lin, cuite avec la litharge, donnoit la composition la plus simple, la plus adhérente, la plus flexible, & en même temps la plus économique; nous n'hésitons pas en conséquence d'en conseiller l'usage comme plus aisée à traiter, & sur-tout moins chere que celles où l'on fait entrer le caoutchouc qu'il faut fondre seul au

______

(1) M. le P. de Virly, notre confrere, m'a fait voir depuis un assez bon vernis très-flexible, formé tout simplement d'huile grasse & de colle-forte.

feu pour pouvoir l'incorporer avec les huiles.
La glu s'unit au contraire très - facilement à
l'huile graffe, il fuffit de la jeter dans l'huile
bouillante, & d'agiter le mêlange. Les proportions font de deux parties d'huile fur une
de glu; elles varient fuivant que l'on préfére
de donner plus de couches, ou de les donner
plus épaiffes; on eft même toujours obligé
de délayer pour pouvoir pofer également le
vernis, & c'eft toujours de l'huile graffe qu'il
faut employer pour cela. Au furplus, l'objet
le plus important eft de fe procurer de la
bonne glu récente; il n'y a aucune comparaifon à faire de celle qui eft ainfi confer-
vée, avec celle qui a éprouvé les chaleurs
de l'été.

Le feul inconvénient des compofitions dont
la glu fait une partie auffi confidérable, eft
de fécher très-lentement; il eft poffible qu'il
foit inféparable de la qualité que l'on cher-
che dans ces vernis; il fert même à rappro-
cher encore la glu du caoutchouc qui féche
fi difficilement, qu'on eft obligé d'expofer les
piéces que l'on travaille avec cette réfine,
à la fumée, pour que les parties arides qu'elle
y laiffe, les empêchent de fe coller (1). Mais

---

(1) Mém. de M. Berniard, Journal phyf. tom. XVII,
pag. 265.

cet inconvénient qui mérite peu d'attention dans bien des circonstances, devenoit très-considérable pour nous, soit à raison de la rigueur de la saison, soit à cause des engagemens que nous avions pris pour satisfaire plusieurs des souscripteurs, & nous choisimes une composition dont la dessiccation fût plus prompte. Voici le procédé de sa préparation.

On fait bouillir dans un grand pot de terre, une livre d'huile de lin cuite auparavant sur la litharge; on fait fondre en même temps, dans un pot de terre séparé, une livre de résine copale bien pulvérisée; quand elle est fondue, on la verse peu à peu dans l'huile, & on agite le mélange. Si l'huile n'est pas assez chaude, la résine se pelotonne, & ne peut plus être redissoute. Quand le tout est bien mêlé, qu'il commence à réfroidir, on y ajoute demi-livre d'huile essentielle de térébenthine.

On fait chauffer d'autre part une livre de la même huile de lin, on y jette une demi-livre de bonne glu, & on agite pour aider la dissolution.

Ces deux liqueurs étant mêlées, on les passe toutes chaudes par un linge serré, & le vernis est préparé. Il est bon qu'il repose au moins quelques jours avant que d'en faire usage, parce que les parties les plus grossieres, c'est-à-dire celles qui n'ont pas été complétement diffoutes, fe précipitent infenfiblement au fond des vaiffeaux.

Tel eft le vernis que nous avons employé pour toute notre enveloppe, & qui a été jugé par tous ceux qui en ont vu des échantillons, d'une qualité au moins égale à tout ce qui avoit été fait précédemment.

Le choix de l'étoffe fur laquelle on applique ce vernis, eft encore un article très-important. Nous avons effayé de couvrir diverfes efpèces de toile de fil & de coton; indépendamment de leur poids toujours fort au deffus des étoffes de foie qu'il faudroit compenfer par une augmentation de volume, & qui les rendroit ainfi plus difpendieufes qu'économiques, leur tiffu n'eft jamais affez ferré, & le vernis le plus doux, à moins qu'il ne fût très-épais ou dans l'état le plus mol de la réfine élaftique, ne pourroit fe prêter au déplacement en tout fens que les fils de leur trame font fufceptibles d'éprouver.

Il n'y a donc réellement que la foie qui offre le double avantage de la légéreté & de la folidité; le taffetas paroîtroit naturellement deftiné à cet ufage, s'il n'étoit fujet à fe déchirer facilement; on ne peut douter que fi cette efpèce d'enveloppe étoit d'ailleurs fans autre inconvénient, il feroit facile d'y remédier par des étoffes fabriquées exprès pour être auffi ferrées, beaucoup plus folides & fans une grande augmentation de poids ; les fatins, les croifés, &c. femblent mettre fur la voie de cette fabrication ; mais il n'eft pas temps de fe livrer à ces fpéculations avant que l'on ait jugé définitivement par les taffetas qui font dans le commerce, ce que l'on peut fe promettre de toute autre étoffe de foie.

Pour nous fur-tout, obligés par bien des raifons de prendre ce qui fe trouvoit, pour ainfi dire, fous notre main, nous nous fommes contentés de choifir le meilleur taffetas, celui que l'on nomme gros de Florence ou taffetas d'Italie à trois bouts, fans faire attention à la couleur, pourvû que la qualité fût la même.

Nous avions bien jugé que notre Ballon devoit avoir un peu plus de diametre que celui de MM. Charles & Robert, foit à caufe de l'efpèce de gas que nous nous propofions d'employer, foit à caufe du poids des machines deftinées aux effais de direction ; mais il étoit difficile d'eftimer ces machines qui n'exiftoient encore que fur les plans ; nous fûmes d'ailleurs effrayés de l'augmentation proportionnelle de dépenfe, & nous fixâmes fes dimenfions à vingt-fept pieds de diametre. On verra dans la fuite ce que nous a coûté cette timidité, & combien nous avons eu lieu de regretter de ne lui avoir pas donné trois ou quatre pieds de plus.

Comme nous avions voulu laisser plutôt plus que moins d'étoffe pour les coutures, le Ballon s'est trouvé avoir près de 27 pieds $\frac{1}{2}$ de diametre horizontal, ce qui n'a pas empêché qu'il ne prît une assez belle forme, à peu près semblable à une orange, & qui, loin de présenter quelques inconvéniens, sembloit le disposer naturellement, lorsqu'on l'enfloit, à s'élever sur son axe perpendiculaire.

Nous ne nous arrêterons pas à décrire la méthode que nous avons suivie pour la taille des fuseaux, elle revient à ce qui a été publié à ce sujet par MM. Faujas & de Parcieux. Comme il nous falloit quarante-deux largeurs pour la circonférence entiere, elle fut divisée exactement en vingt-une parties qui devoient former autant de fuseaux, & ces fuseaux furent taillés dans les piéces cousues d'avance, deux à deux sur la longueur, de sorte que la couture se trouvoit au milieu du fuseau.

Nous ne releverons de même de toutes les opérations pour achever l'enveloppe, que ce qui nous paroîtra pouvoir être utile à ceux qui voudroient suivre la même route, & que ce qui n'aura pas été écrit avant nous; & nous traiterons ces détails très-succinctement, pour qu'on ne nous soupçonne pas de leur donner plus d'importance qu'ils n'en méritent.

Les fuseaux taillés furent étendus fur une table de quarante-cinq pieds de longueur, & reçurent la premiere couche de vernis; cette premiere couche ne glace point, elle paffe à travers l'étoffe, il eft bon de mettre d'autres pieces deffous pour qu'il ne fe perde pas fur la table.

Le vernis doit être employé à chaud; il faut avoir attention de ne pas chauffer la partie fupérieure du pot, fur-tout lorfqu'elle eft vuide, ce qui brûle la réfine & rend le vernis noir & grenu. L'ouvrier chargé de cette partie, & qui y a travaillé avec autant de zèle que d'intelligence, imagina que ce vernis fe poferoit mieux & plus uniformément, s'il étoit étendu avec l'huile de térébenthine; il ne tarda pas à vérifier ce que nous lui avions annoncé, que l'enduit s'écailleroit & tomberoit en pouffiere lorfqu'on froifferoit l'étoffe, il fallut travailler à réparer à force d'huile graffe les piéces qui avoient été traitées de cette maniere.

Lorfque cette premiere couche fut féche, chaque fufeau en reçut encore deux, l'une à l'intérieur, l'autre à l'extérieur, qui pour lors laifferent de chaque côté un enduit glacé.

Après chaque couche les fufeaux étoient portés de toute leur longueur fur l'étendoir, c'eft-à-dire, placés fur des liteaux foutenus les uns au deſſus des autres par des cordes, dans une ſalle de quarante-cinq pieds, que la rigueur continue de la ſaiſon nous obligea de transformer, à grands frais, en une véritable étuve, pendant toute la durée de cette opération.

Les fuſeaux furent aſſemblés deux à deux, puis quatre à quatre, & les coutures toujours faites de la même maniere, ſoit avant la taille des fuſeaux, ſoit dans le taffetas verni, c'eſt-à-dire, à ſoie double, à point en arriere, à quatre lignes du bord, & ces bords rabattus enſemble d'un côté. Quand ces coutures ſont bien faites, elles ont toute la ſolidité qu'on peut deſirer; & nous avons éprouvé qu'en les faiſant enduire de pluſieurs couches, on pouvoit ſe diſpenſer de les couvrir de rubans; & ce n'eſt pas, à ce qu'il nous ſemble, un petit avantage, car cette derniere opération eſt très-difficile, & ne réuſſit jamais qu'imparfaitement.

Pour avancer la beſogne, & répondre, autant qu'il étoit poſſible, aux vœux de quelques ſouſcripteurs, nous prîmes la réſolution de faire aſſembler quelques fuſeaux, avant qu'ils euſſent reçu toutes les couches de vernis, ne pouvant alors les étendre de toute leur largeur, à cauſe de la courburé, on fut obligé de replier ces pieces les unes ſur

les autres, avant qu'elles fuſſent entiérement
léches, c'eſt ce que l'on doit éviter avec ſoin:
nous avons obſervé que dans ce cas l'enduit
s'attache au point qu'il s'écaille, & laiſſe le
taffetas à nu de l'un ou de l'autre côté, lorſqu'on veut ſéparer ces pieces, & ce n'a été
qu'avec beaucoup de peine que l'on eſt parvenu à réparer ces défauts.

Malgré ces accidens, nous avons eu lieu
d'être ſatisfaits du ſuccès de nos efforts pour
la perfection de l'enveloppe, peut-être même
feroit-il difficile de faire mieux que les pieces
auxquelles on a pu donner le temps de ſé-
cher, & ſur-tout celle deſtinée à faire l'appendice, qui, expoſée plus immédiatement à
l'action des vapeurs acides qui accompagnent
le gas, même au ſortir de l'eau, vingt fois
tordue, comme la veſſie la plus ſouple, ou
tendue avec force pour en exprimer le gas
que nous voulions retirer, n'a jamais laiſſé
tranſpirer le fluide, & a toujours conſervé
toute ſa force & ſa qualité, au point que les
ſoies de la couture ſe caſſoient ſans qu'elle
reçût d'autre dommage.

Voici quelques obſervations qui pourront
encore faire juger de la qualité de cette enveloppe.

1°. Un morceau du même taffetas, couvert
du même vernis, ayant été tendu & bien

ficelé fur le récipient appellé caffe-veffie, on le plaça fur la platine de la machine pneumatique, & on fit le vuide. Le pifton remonta feul au troifieme coup, le récipient adhéra à la platine, au point qu'on pouvoit enlever toute la machine en l'empoignant; l'adhérence étoit prefque la même fix heures après, le lendemain il fallut encore un léger effort pour l'enlever.

Cette expérience fut répétée en obfervant de placer une couture fur le milieu du caffe-veffie; il n'y eut aucune différence, fi ce n'eft que la dépreffion fut un peu moindre, les doubles de la couture oppofant plus de réfiftance au poids de l'athmofphere.

2°. Le 13 février, le Ballon fut porté à la grande falle de l'Académie, pour y être enflé d'air commun; cette opération fe fit en moins de trois heures avec un feul foufflet de ferrurerie, dont les deux valves pouvoient contenir environ neuf pieds cubes d'air. Lorfqu'il fut rempli au point de toucher les réfauts des ornemens de la falle, qui n'a que vingt-huit pieds de largeur, on effaya d'y pouffer encore un peu d'air, pour voir s'il ne perdoit pas en quelqu'endroit, cette diftenfion forcée ne ceffa que par une fciffure de huit à neuf pouces, qui fe fit avec un bruit affez fort à l'entrée de l'appendice, où toutes les pointes aboutiffent : ce qui nous détermina à renforcer cet endroit par une piece de taffetas verni, taillé en couronne.

Ainfi raccommodé, il tint l'air quatre jours entiers fans déperdition fenfible ; lorfqu'on voulut le vuider, on ouvrit l'appendice qui avoit fix pouces de diametre, il fallut plus de vingt-quatre heures pour écouler tout l'air qu'il contenoit, & même fur la fin on fut obligé, pour accélérer cette opération, de le charger par de larges rubans de fil qui étoient tirés par des poids.

3°. Le Ballon ayant été rentré fous la tente, environ à moitié plein de gas, le 1er. mars, à peine effuyé du givre dont il avoit été couvert la nuit précédente ; & faute de matieres pour achever de le remplir, on le laiffa s'abaiffer, jufqu'à ce que repofant fur une bafe circulaire, il prit une forme hémifphérique réguliere ; on prit alors fes dimenfions, & on eftima vingt-quatre heures après qu'il n'avoit perdu tout au plus que deux cent quarante-deux pieds cubes dans cet intervalle de temps. Il eft vrai que les deux incifions qui y avoient été faites un peu au deffus de l'équateur, devoient fe trouver par cette pofition déjà fort près de la bafe. Elles ne furent apperçues que le 4.

4°. Les pluies, les gelées blanches, les

vents orageux que le Ballon avoit effuyés, foit fous la tente, foit en plein air, nous ayant déterminés à l'enfler d'air commun pour l'examiner plus commodément & le réparer dans toutes fes parties, il fut apporté pour cela dans mon jardin, & rempli le 7 avril avec le même foufflet dont il a été queftion précédemment, autant qu'il eft poffible de remplir d'air commun un globe, qui, reftant toujours chargé de plus des $\frac{3}{4}$ de l'enveloppe, s'applatit néceffairement fur un pole. Non-feulement il n'y eut aucune perte fenfible dans la nuit du 7 au 8 ; mais le foleil s'étant montré affez conftamment dans cette matinée, l'air fut dilaté par la chaleur, au point que quoiqu'il ne foufflât qu'un vent de nord très-foible, il étoit difficile d'empêcher le Ballon de rouler dans le jardin, & qu'il paffa même une fois fur la tête de deux perfonnes qui fe préfentoient au devant de lui pour l'arrêter, de forte qu'on fut obligé d'ouvrir l'appendice & la foupape, pour avoir le temps de le fixer par des treffes croifées fur le pole fupérieur. C'étoit une preuve bien fatisfaifante de la qualité de cette enveloppe, puifqu'elle foutenoit un effort de dilatation capable de produire une pareille légéreté refpective dans une athmofphere qui éprouvoit également l'ardeur du foleil.

Nous ne devons pas omettre une obfervation importante, à laquelle cet événement donna lieu, nous jugeâmes que la chaleur de l'intérieur du Ballon, devoit être fupérieure à celle du dehors : pour nous en convaincre, nous ouvrîmes la foupape; l'air qui en fortit, fit fur nos yeux une fenfation vive & prefque douloureufe. Nous primes alors un thermometre, que nous laiffâmes quelque temps expofé au foleil, fufpendu au bout d'un bâton en plein air, pour qu'il fe mît à fa température actuelle ; nous préfentâmes enfuite la boule à l'ouverture de la foupape, & il monta fur le champ de quatre degrés, quoique le foleil eût paffé derriere un nuage plus d'une demi-heure auparavant.

Ce fait intéreffant, dont nous tirerons ailleurs les conféquences, nous paroît trèspropre à confirmer la conjecture que M. de Virly nous avoit communiquée avant cette expérience, qu'il ne feroit peut-être pas impoffible de faire un Ballon de taffetas verni, qui étant rempli aux $\frac{3}{4}$ d'air commun, & expofé aux rayons du foleil dans un jour d'été, s'élevât par la feule raréfaction que cet air éprouveroit, & qui lui feroit occuper un plus grand volume.

§.

Ce phénomene nous conduit naturellement à l'examen d'une autre queſtion, que nous ne croyons pas que l'on ſe ſoit encore propoſée, & qui a cependant un rapport immédiat avec le choix de la matiere des Ballons aéroſtatiques, c'eſt de ſavoir *quelle eſt l'action que les gas exercent ſur ces matieres & réciproquement ?*

En général, les hommes ne remarquent guere que les choſes qui éveillent leurs ſens par des impreſſions fortes ; & ce n'eſt que depuis quelques années que les Chymiſtes ont commencé à s'occuper des propriétés des fluides les plus ſubtils, & à tenir compte des effets que leur lenteur rendoit moins ſenſibles.

On a déjà beaucoup opéré & écrit ſur le gas inflammable, mais il s'en faut beaucoup que l'on connoiſſe toutes ſes affinités. M. Prieſtley avoit bien remarqué que ce gas agité dans l'huile de térébenthine étoit moins inflammable (1), qu'il étoit abſorbé par le charbon, qu'il en ſortoit moins inflammable, & que la puiſſance réfringente de ce fluide étoit plus conſidérable que celle de l'air com-

____

(1) Tom. 4, pag. 285.

mun,

mun (1); mais *n'exerce-t-il pas une vraie action de diffolution fur les matieres graffes, telles que les huiles, les réfines, &c. ?* Voilà une queftion que nous ne croyons pas que perfonne fe foit encore propofée, du moins relativement à notre objet, qui cependant y touche de très-prés, puifque fi cette affinité exifte, il doit en réfulter une altération, une véritable compofition des deux fubftances; de forte que le gas peut devenir fpécifiquement plus pefant, & l'enduit plus perméable par cette efpèce d'affinité que j'ai cru devoir nommer *attraction de tranfmiffion*, dont la poterie cuite en grais nous fournit un exemple bien frappant, puifqu'elle tient l'eau pure, & tranfmet par fes pores l'eau chargée de fel.

Nous avons été conduits à ces réflexions par plufieurs obfervations, deux fur-tout, qu'il fuffira d'indiquer. La *premiere* eft qu'après avoir pefé dans un Ballon de verre des gas inflammables végétaux, il en reftoit fur les parois du vaiffeau une couche huileufe, & que cette couche difparoiffoit fubitement lorfqu'on faifoit le vuide après y avoir introduit du gas, & qu'elle n'étoit fenfiblement diminuée que dans ces circonftances.

______

(1) Tom. 8, pag. 404.

C

La seconde observation est celle de l'altération du gas enfermé pendant dix-sept jours
dans un petit Ballon de baudruche. Ce gas
avoit été tiré du zinc & lavé dans l'eau, cependant il ne fut pas possible de le faire détonner en le mêlant à l'air commun, ni même
de l'allumer; lorsque nous le fimes passer dans
l'eau de chaux, il nous parut la troubler un
peu. On en remplit un globe de verre pour
prendre sa pesanteur spécifique; elle se trouva
d'abord avec l'air commun pesé le même jour,
dans le rapport de 1112 : 1184, ou 69,5 :
74,0; mais le robinet ayant été tenu ouvert
environ deux minutes, ce rapport se trouva
:: 1157 : 1184.

Ainsi son poids se rapprochoit très-fort de
celui de l'air athmosphérique, & n'en diffé-
roit plus que par une petite portion de vrai
gas qui y restoit, peut-être même par l'air
vicié qu'il contenoit, & que l'on sait être un
peu plus léger que l'air commun. Celui à qui
ce Ballon appartenoit, nous assura qu'en effet
il ne conservoit plus aussi bien sa force as-
censionnelle que dans les commencemens,
quoiqu'il n'y eût à l'extérieur aucune dégra-
dation sensible.

Nous remplîmes un grand flacon de gas du
zinc, nous y fimes entrer un morceau de
taffetas verni d'environ quatre pouces quar-

rés, & nous le bouchâmes avec du liége, en obſervant d'y laiſſer un peu d'eau pour empêcher plus ſûrement toute communication avec l'air extérieur. Ce flacon fut ainſi conſervé renverſé ſur ſon bouchon dans une chambre peu expoſée au ſoleil, pendant huit jours, & au bout de ce temps, le gas éprouvé ſe trouva altéré au point de ne pas prendre feu, même étant mêlé à l'air commun.

Cependant la préſence de l'eau, l'humidité qu'elle entretenoit dans l'intérieur du flacon, & ſon action ſur le taffetas verni, quelque foible qu'on la ſuppoſe, pouvoient avoir contribué à cette altération ; il convenoit d'ailleurs de s'aſſurer ſi la peſanteur ſpécifique du gas ſuivoit les progrès de cette altération, nous fimes en conſéquence l'expérience ſuivante.

Après avoir introduit pluſieurs morceaux de taffetas verni, du poids de deux gros dix grains dans le globe de verre, armé de ſon robinet qui nous a ſervi pour toutes nos peſées, il fut placé ſur la machine pneumatique, exactement purgé d'air commun, & peſé à une bonne balance. Il fut enſuite rempli de gas inflammable tiré du zinc qui avoit paſſé dans de l'eau chargée d'eau de chaux pour retenir l'acide ; puis ayant fermé le robinet, on le laiſſa cinq jours dans la même fituation, c'eft-à-dire, le robinet en bas.

Le Ballon pefa avant que d'avoir été ouvert trois grains $\frac{1}{16}$ de plus, ce qui ne pouvoit venir que d'un peu d'humidité extérieure, du changement de l'état de l'athmofphere, ou autre caufe accidentelle étrangere au but de l'expérience.

Le fait important eft que le robinet ayant été ouvert deux minutes, toujours l'orifice en bas, & le Ballon repefé fur le champ, il fe trouva une augmentation de poids de 5 grains $\frac{1}{2}$, qui annonça que l'air renfermé dans le vaiffeau avoit été un peu diminué.

On tira une portion de ce gas par la pompe pneumatique, il fut à l'inftant même repaffé fous l'eau dans une bouteille; il y eut détonnation & combuftion paifible fur la fin.

Une autre portion de ce gas fut paffée par l'eau de chaux, & la blanchit fenfiblement.

Il eft donc bien fenfible que le gas inflammable s'altere dans les enveloppes graffes & réfineufes; & fi l'effet eft auffi marqué dans des vaiffeaux expofés à une température égale & foible, que ne doit-on pas craindre de cette altération, lorfque ces enveloppes feront expofées aux rayons du foleil, puifque ce fluide eft fufceptible d'un très-grand degré de chaleur, que l'enveloppe elle-même augmente fon intenfité dans un degré très-

fenfible, comme nous l'avons remarqué ci-
devant, d'après une expérience faite fur notre
Ballon, même rempli d'air commun, & que
l'action de la chaleur augmente néceffairement
la force diffolvante, & l'altération qui en
réfulte. Nous en avons eu une preuve directe
dans une expérience dont nous avons déjà
eu occafion de parler. Ayant remarqué que
l'air commun renfermé dans notre Ballon expofé quelques heures au foleil, prenoit beaucoup plus de chaleur que l'air ambiant (1),
nous tirâmes plufieurs bouteilles de cet air
pour en faire l'effai ; nous y plongeâmes une
lumiere qui parut brûler comme dans l'air
commun ordinaire ; mais en ayant pefé un
volume de 169 pouces cubes, nous vîmes
avec étonnement qu'il étoit un peu plus
léger que l'air commun, que leur pefanteur
étoit dans le rapport de 68 à 71, ce qui ne
pouvoit être attribué à la dilatation, puifque
cette opération ne fe fit que plus de vingt-
quatre heures après que cet air avoit été tiré du
Ballon, & qu'il avoit d'ailleurs été tranfvafé
dans l'eau, avant que d'être introduit dans
le globe à crochet.

L'air commun lui-même avoit donc éprouvé,
dans ces circonftances, une légere altération

---

(1) Voy. ci-devant pag. 31.

qui ne peut être attribuée qu'à la formation d'un peu d'air nuifible ou phlogiftiqué , & qui diminuoit en proportion la pefanteur fpécifique du mêlange. Suivant M. Achard (1), la pefanteur de l'air gâté par une bougie qui y a brûlé jufqu'à ce qu'elle fe foit éteinte d'elle-même , eft à celle de l'air commun : : 28 : 31.

Conclufion de cette partie.

On peut efpérer de perfectionner les enveloppes de taffetas verni, foit en fabriquant des étoffes de foie plus folides, foit par la qualité même du vernis, & les précautions que l'on prendra pour l'appliquer. On parviendra ainfi à diminuer confidérablement la déperdition du gas. Mais il paroît très-difficile de la faire ceffer entiérement ; & à ce premier inconvénient , il s'en joint un autre , c'eft l'altération inévitable du gas; inconvénient qui eft encore augmenté par la chaleur que prennent les enveloppes vernies. On fera donc forcé d'abandonner ces matieres, dès qu'il fera queftion de faire des machines qui fervent plufieurs fois fans une nouvelle dépenfe , qui eft le

---

(1) Journ. phyf. tom. **XXI** , pag. 228,

but que l'on ne doit pas perdre de vue, en fuppofant la poffibilité de diriger.

Les matieres animales contenant toujours des principes graiffeux, feront fujettes aux mêmes inconvéniens, à quoi il faut ajouter la difficulté de les trouver fans défauts, & de les réunir folidement fans les rendre beaucoup plus pefantes. L'ufage que l'on fait de la peau blanche pour couvrir les cuvettes des barometres portatifs, fuffit pour prouver combien ce tiffu eft perméable à l'air.

Le métal ne perdra rien, il foutiendra mieux l'effort de dilatation intérieure, une fimple foupape placée vers le bas, & preffée en dehors par un reffort dont la force feroit combinée avec celle de l'enveloppe, fuffiroit pour le mettre à l'abri de ce danger, & nous avons fait voir qu'il feroit poffible de le remplir de gas qui feroit à l'air commun : : 1 : 6, fans y faire le vuide, fans le remplir d'eau, en un mot, fans aucune manœuvre embarraffante ni difpendieufe. Mais le métal eft auffi fujet à prendre beaucoup de chaleur, à fe tourmenter, à fe crevaffer, lorfqu'il ne reçoit pas une chaleur par-tout égale. La moindre épaiffeur que l'on pût lui donner, feroit d'$\frac{1}{8}$ de ligne, fans compter les renforts néceffaires, les foudures, &c. & avec cela un globe de cinquante pieds de diametre, rempli du meilleur gas,

fuivant le procédé de notre expérience, auroit à peine une force d'afcenfion de 5 à 600
livres; fon volume enfin en rendroit la direction prefqu'impoffible par le peu de moyens
qu'il pourroit porter, fans parler du danger
de promener dans les airs une pareille maffe
de métal, pour peu qu'il y eût de fluide électrique hors d'équilibre.

Sur quelle matiere pourra-t-on donc porter fes vues? Nous n'en voyons point qui préfente autant d'avantages que le carton.

Le pied quarré d'un bon carton de $\frac{1}{4}$ de
ligne d'épaiffeur, peut être eftimé pefer 4 onces 6 gros.

Un globe de trente-fept pieds de diametre,
ne peferoit par conféquent que 1277 livres.

Il déplaceroit 2229 livres d'air commun.

Il pourroit être rempli facilement d'un gas
inflammable qui feroit à l'air commun :: 1
: 6, qui ne peferoit ainfi que 372 livres.

Il auroit donc déjà une force d'afcenfion
de 580 livres, c'eft-à-dire, au moins auffi confidérable que le globe de métal à cinquante
pieds de diametre.

Le carton eft la matiere la moins chere,
& en même temps la plus commode, on n'auroit pas à craindre les coutures, le globe
pourroit être fait d'une feule piece. Un demi-
cercle repréfentant un fufeau développé fur

ſa courbe, conſtruit en bois légers, porté par un axe qui traverſeroit les deux poles, ſerviroit à coller ſucceſſivement toutes les feuilles, en faiſant gliſſer ſucceſſivement le globe par demi-fuſeau ſur cet établi cintré.

Un pareil globe porteroit un filet de rubans de fil & un cercle équatorial au moins auſſi bien qu'un Ballon de taffetas. Rien n'empêcheroit de renforcer l'hémiſphere ſupérieure, en poſant intérieurement un cercle de bois léger, à peu près à la hauteur des cercles des tropiques dans les globes terreſtres; enfin, pour prévenir la rupture dans le cas d'une grande dilatation, on placeroit en bas une ſoupape, comme nous l'avons dit pour le globe de métal.

Le carton eſt une des matieres les plus inertes, qui prend le moins de chaleur, qui ſe tourmente le moins, qui attire le moins le fluide électrique; il ne craint à vrai dire que l'humidité; on l'en préſerveroit aiſément par un vernis, qui ſe trouvant pour lors à l'extérieur & ſur un fond blanc, n'auroit plus les mêmes inconvéniens. Mais nous regardons cette précaution comme indiſpenſable; parce qu'indépendamment de ce que le carton en ſe détrempant perdroit ſa force & ſa ſolidité, il pourroit arriver que l'eau qui ſe feroit logée dans les pores, établît une ſorte de com-

munication avec l'air extérieur, qui infenfiblement remplaceroit le gas pur ou prefque
pur par un mêlange de gas & d'air commun.
C'eft ce que nous avons lieu de préfumer d'une
expérience que nous avons plufieurs fois répétée. Ayant laiffé du gas du zinc très-pur
fous des cloches de verre dont la partie inférieure étoit plongée dans l'eau, nous avons
conftamment obfervé qu'au bout de quelques
jours le gas renfermé fous ces cloches détonnoit très-fort fans addition d'air commun, lors
même que l'on prenoit la précaution de le
faire paffer auparavant dans une bouteille
à col étroit, & qu'il ne détonnoit au contraire que foiblement, lorfqu'on le mêloit
avec partie égale d'air commun.

Cette obfervation s'accorde avec ce qui
avoit déjà été remarqué par MM. Priefley &
Kirwan, que le gas inflammable fe détériore
à la furface de l'eau, & qu'il paffe à travers
les veffies. C'eft un motif de plus de rejetter
toutes les fubftances fufceptibles de prendre
l'humidité, fans en excepter les peaux & les
cuirs. Il nous paroît feulement que l'on pourroit faire une diftinction du parchemin; on
fait avec quelle force cette matiere tient l'air,
même comprimé, dans les foufflets; le travail
qu'elle a reçue, l'a rendue tout à la fois plus
feche & moins poreufe, & en l'incorporant

dans l'intérieur du carton, elle ne pourroit ni altérer le gas avec lequel elle ne feroit pas en contact, ni fe charger de l'humidité de l'athmofphere, dont elle feroit encore défendue par le vernis de la furface.

Avec les précautions que nous venons d'indiquer, le globe de carton fera un des meilleurs vaiffeaux que l'on pourra employer pour contenir le gas, s'il ne fe' tamife point par fes pores, s'il n'y éprouve aucune altération ; il nous a paru important de réfoudre encore cette queftion.

Expériences fur le carton.

Nous avons fait faire un cylindre de carton, tel qu'il fe trouve dans le commerce, c'eft-à-dire très-groffier, d'environ $\frac{1}{2}$ ligne d'épaiffeur ; ce cylindre avoit 6 pouces 2 lignes de diametre intérieur, & 15 pouces de hauteur ; fa capacité étoit par conféquent de 460,33 pouces cubiques. Il portoit à fa bafe un goulot de verre cryftallin, avec fon bouchon ufé à l'émeri.

Ce cylindre plein d'air commun & bouché, a pefé 6 onces 5 gros 47 grains $\frac{3}{8}$, le barometre étant à 27 pouces 6 lignes, & le thermometre à 11 degrés au deffus de zéro.

Nous avons introduit dans ce cylindre,

par le goulot de cryſtal, un tuyau de verre qui ne le rempliſſoit qu'à moitié, & qui s'élevoit juſqu'au deſſus du cylindre. Ce tuyau de verre étant fixé au robinet d'un très-grand récipient plein de gas inflammable du zinc, nous avons fait paſſer ce gas dans le cylindre, de la maniere ci-devant décrite; on a tiré enſuite doucement le tuyau de verre, & on a mis dans le goulot le bouchon de cryſtal.

Le cylindre ainſi rempli, ſe trouva peſer 6 onces 3 gros 22 grains $\frac{7}{8}$, il avoit donc perdu 2 gros 24 grains $\frac{1}{2}$, ce qui revient à peu près à $\frac{1}{6}$ du volume d'air commun qui avoit été déplacé.

Ayant été laiſſé pendant neuf jours dans la même ſituation, ſon poids n'a été augmenté que de 4 grains, & cette augmentation pouvoit venir en partie de l'humidité du lieu où on l'avoit ſuſpendu.

Expoſé au ſoleil pendant deux heures, ſa forme n'a pas changé ſenſiblement; ſeulement les deux diſques plans qui le terminoient, paroiſſoient un peu plus convexes.

On en a tiré de l'air en abouchant le goulot à l'ajutage d'une pompe à main; cet air s'eſt allumé ſans détonner; mêlé à l'air commun, il a détonné aſſez fortement : d'où l'on peut conclure que le gas n'étoit nullement altéré.

Il ſeroit poſſible cependant que l'on rencontrât dans l'exécution d'un pareil globe, quelqu'autre inconvénient auquel nous n'avons pas penfé ; il eft difficile de tout prévoir dans des conftructions d'un genre auffi nouveau : mais fi nous avions à diriger la conftruction d'un nouvel Aéroftate, nous n'héfiterions pas de préférer cette enveloppe à toutes celles qui ont été exécutées ou projetées jufqu'à ce jour. Et d'après ce que nous venons d'expofer, nous ofons croire que les Phyficiens partageroient notre confiance.

SECONDE PARTIE.

DU GAS INFLAMMABLE.

La chymie des gas a conduit MM. de Montgolfier à leur belle découverte ; cette fcience profitera à fon tour des recherches qui vont fe multiplier à cette occafion fur les gas inflammables. On commence déjà à fentir l'importance de plufieurs queftions que l'on ne daignoit pas approfondir, parce qu'elles ne préfentoient d'autre intérêt qu'un rapport éloigné & prefqu'indirect aux grandes théories du feu & du phlogiftique. Nous ne nous flattons pas d'offrir la réfolution de toutes ces queftions, mais nos expériences nous ont fourni un grand nombre d'obfervations qui peuvent fervir à fixer les principes, qui feront du moins utiles dans la pratique du nouvel art aéroftatique : c'en eft affez pour nous engager à les raffembler ici.

Trouver un gas inflammable à peu près auffi léger que celui qu'on dégage des métaux par les acides, & qu'on puiffe retirer plus facilement, en plus grande quantité, & avec moins de dépenfe : voilà le problême que nous nous fommes d'abord propofé, ainfi que tous ceux qui ont

cherché à perfectionner cette partie de l'aéroftatique.

On favoit donc que les diffolutions acides
des métaux donnoient le gas le plus léger,
quoique cette légéreté n'eût pas encore été
bien déterminée, comme nous le ferons voir
dans la fuite. On favoit qu'il s'élevoit des
marais & autres fonds vafeux couverts d'eaux
ftagnantes, un gas fufceptible d'inflammation,
mais peu détonnant; on avoit déjà recueilli
du gas inflammable en calcinant quelques mi-
néraux; on avoit obfervé enfin qu'il fe dégageoit un fluide de cette nature pendant la
diftillation d'une infinité de matieres végétales & animales. Mais il reftoit à déterminer
s'il n'y avoit réellement qu'un gas inflammable, toujours identique lorfqu'il étoit pur;
s'il étoit toujours poffible de le ramener à cet
état; d'où provenoit la différence obfervée
même dans les gas tirés des métaux; fi les
procédés de rectification ne feroient pas trop
difpendieux; en un mot, quelle étoit la fubftance qui donnoit le gas, ou naturellement
plus pur, ou plus facile à purifier?

Avant que de propofer notre fentiment fur
ces queftions, nous donnerons le tableau de
nos effais comparés, en indiquant les prin-
cipales circonftances des procédés; & afin
que l'on puiffe juger en même temps de la

maniere dont nous avons opéré pour déterminer la pefanteur des différens produits gafeux, nous commencerons par décrire les inftrumens dont nous avons fait ufage.

De la maniere de prendre exactement le poids des gas.

Pour pefer exactement les gas, il n'y a pas d'autre moyen que de faire le vuide dans un vaiffeau de verre d'une capacité déterminée, d'en prendre le poids dans cet état, d'y introduire le gas, de pefer le vaiffeau plein, de le reporter enfuite fur la machine pneumatique pour le vuider comme la premiere fois, de le repefer vuide, d'ouvrir alors le robinet pour y laiffer rentrer l'air athmofphérique ; & l'ayant refermé, de vérifier enfin fur le champ le poids du vaiffeau rempli de cet air.

Cette opération paroît un peu longue & même ennuyeufe, fur-tout lorfqu'il faut pefer & repefer une grande quantité de gas & dans différens états ; mais nous avons reconnu que c'étoit la feule maniere d'obtenir des réfultats fans erreur fenfible, & nous ne nous fommes jamais permis de négliger la moindre de ces précautions.

Nous avions d'abord imaginé de nous fervir

d'une

d'une simple vessie garnie de son robinet, dans laquelle nous faisions passer le gas que nous voulions peser ; cette méthode est en effet bien plus expéditive ; mais, malgré toutes les précautions possibles, comme d'en retirer l'air avec une pompe à main après l'expression , & d'y porter toujours une même quantité de gas déterminée par la capacité d'une cloche que l'on en remplissoit jusqu'à le faire sortir pardessous les bords , nous avons trouvé des différences si considérables dans les résultats du même jour, sur le même gas , que nous n'avons pas hésité de les attribuer à des accidens étrangers à nos recherches , & inséparables de cette méthode ; tels que l'humidité de la vessie, la facilité plus ou moins grande avec laquelle elle perdoit le gas suivant la température , l'impression rapide de chaleur qu'elle recevoit dans les mains, & qui se communiquoit au fluide qui y étoit renfermé. A quoi il faut ajouter l'embarras de rapporter en *plus* dans le calcul ce qui se trouve en *moins* dans l'observation ; car on sent que la vessie vuide pese plus que lorsqu'elle est pleine de gas. Par exemple, ayant fait passer 133 pouces cubiques de gas inflammable tiré du zinc, dans une vessie armée de son robinet, qui pesoit vuide 4142 grains $\frac{1}{8}$, elle ne pesa plus que 4096 $\frac{1}{8}$; ce qui annonçoit une perte de poids de 45 grains $\frac{1}{2}$. Une autre fois ayant fait paſſer un pareil volume d'air commun dans la même veſſie, elle peſa 3 grains $\frac{3}{8}$ de moins que lorſqu'elle étoit vuide.

Lors donc que nous avons voulu peſer les gas inflammables, nous avons commencé par vuider exactement d'air commun le globe de verre, *figure 3*, contenant 169,33 pouces cubiques.

En cet état nous en avons pris le poids avec une bonne balance marquant ſenſiblement le 8e. de grain, lorſqu'elle étoit chargée de 18 à 19 onces, en le ſuſpendant au bras de la balance par le crochet, *fig. 4*.

Cela fait, nous avons ôté le crochet & ouvert le robinet pour laiſſer rentrer l'air commun, & le globe a été peſé de nouveau pour connoître d'abord quel étoit le poids de ce volume d'air athmoſphérique, à la température actuelle. Il a été enſuite reporté ſur la machine pneumatique pour y faire le vuide, & repeſé ſur le champ.

Le globe purgé d'air étoit alors viſſé ſur le robinet d'un grand récipient, *fig. 5*, poſé ſur la table de la cuve deſtinée aux expériences pneumatiques, & rempli d'avance de gas inflammable; en ouvrant les robinets, ce gas s'élevoit de lui-même dans le globe; de ſorte qu'il n'y avoit d'autre compreſſion que celle de l'athmofphere même, avec laquelle on lui donnoit le temps de fe mettre parfaitement en équilibre.

Ce récipient étant d'une plus grande capacité que le globe fupérieur, il n'y avoit pas à craindre que l'eau pût s'élever jufqu'à la hauteur des robinets, ce qui auroit pu jeter de l'incertitude fur le réfultat de la pefée. Nous avions même l'attention, lorfque nous faifions monter l'eau dans le récipient pour le difpofer à recevoir un nouveau gas, de ne la laiffer jamais approcher de fon robinet, parce que la premiere bulle d'air qui auroit paffé dans le globe vuide, l'y auroit néceffairement entraînée. De cette maniere, il reftoit, à la vérité, une petite portion d'air dans la partie fupérieure du goulot du récipient; mais comme nous nous arrêtions toujours au même point, la condition étoit la même pour tous les effais comparés.

Après avoir pris le poids du globe ainfi rempli de gas, il étoit vuidé une *troifieme fois*, pefé de nouveau dans cet état, puis rempli d'air commun, & enfin pefé une *fixieme fois* pour chaque opération, avant que d'établir les rapports de pefanteur.

On regrettera peut-être que nous n'ayions pas fait ufage de la jauge de mercure, pour vérifier à chaque fois l'égalité du vuide, mais il eût été difficile de l'introduire dans le globe même qui devoit être alternativement porté par son robinet, ou suspendu par son crochet: en le plaçant sous un récipient au dessous du globe, l'humidité des cuirs de la platine pouvoit occasionner des variations plus considérables. Nous pouvons assurer que la méthode que nous indiquons (1), n'est sujette à aucune erreur sensible : une bonne machine pneumatique conduite par la même main, produit toujours à très-peu près une égale raréfaction à un nombre réglé de coups de piston; & toutes les fois que les résultats ont été troublés par quelques accidens, nous en avons été avertis sur le champ par la balance, les poids donnant eux-mêmes la preuve que le globe avoit été vuidé ou rempli au même point.

Observations sur le poids du gas inflammable retiré de diverses matieres.

L'air commun ayant toujours été pris pour terme de comparaison dans les expériences dont nous allons rendre compte, comme le plus intéressant, relativement à l'objet, il

––––––––––––––––

(1) Cette méthode differe peu de celle de M. Sigaut de la Fond. *Essai sur les différentes espèces d'air*, &c. p. 36.

convient d'abord d'en fixer l'évaluation moyenne.

Un volume de ce fluide égal à la capacité de notre globe de verre, c'eft-à-dire, de 169,33 pouces cubiques, a varié depuis 68 grains jufqu'à 74; il eft vrai que le premier terme n'a été auffi foible qu'une feule fois, c'étoit le 18 Janvier, le barometre étant à 26 pouces 4 lignes. Le thermometre de l'appartement où fe faifoient ces expériences, a été affez conftamment entre cinq & fix degrés au deffus de zéro.

En prenant 73 $\frac{1}{2}$ pour terme moyen, qui eft en effet celui dont les pefées fe font plus fouvent rapprochées, le poids d'un pied cube d'air commun eft d'une once 3 gros 10 grains, ou 802 grains; réfultat conforme à celui que l'on trouve en fuppofant le rapport des pefanteurs fpécifiques de l'air commun & de l'eau, : : 1 : 800, & le poids du pied cube d'eau égal à 70 livres.

Gas inflammable du zinc.

On n'a pas encore entrepris de déterminer la pefanteur fpécifique du gas inflammable en général, & cela ne doit pas étonner, puifqu'il eft conftant qu'elle varie fuivant les matieres dont on le dégage; mais on n'eft pas même d'accord fur la vraie pefanteur fpé-cifique du gas retiré d'une même fubftance. Ce qu'il y a de certain, c'eft que le gas du zinc eft jufqu'à préfent celui qui a été trouvé le plus léger, & celui que l'on a pris en con-féquence pour fervir à l'eftimation du poids du gas inflammable le plus pur.

M. Cavendish le croit dans le rapport avec l'air commun, à peu près : : 1 : 12, en fuppo-fant l'air commun 800 fois plus léger que l'eau.

Suivant M. Fontana, fa pefanteur fpécifique eft à celle de l'air commun : : 1 : 15, le baro-metre étant à une hauteur moyenne, & le thermometre à peu près au tempéré.

MM. Priftley & Kirwan établiffent le rap-port de 1 : 11.

M. Achard a trouvé que le gas inflammable retiré du zinc par l'acide muriatique, ne pefoit que $\frac{1}{6}$ de l'air commun, qu'il pefoit $\frac{1}{2}$ de cet air quand il étoit dégagé par l'acide phofphorique (1).

Le rapport moyen des expériences annon-cées par M. Faujas, a été de 5 : 53, en em-ployant également l'acide muriatique (2).

Ayant obfervé nous-mêmes des variations

---

(1) Mém. de l'Acad. de Berlin, ann. 1778, pag. 29.
(2) Defcription des expériences de la machine aérof-tatique, &c. pag. 286.

fréquentes & très-confidérables dans les différentes pefées du gas inflammable retiré du
zinc par le même acide, que nous voulions
faire fervir comme d'un troifieme terme pour
affurer encore nos effais comparés, nous com-
mençâmes à foupçonner que ces variations
pouvoient être occafionnées par l'air commun
renfermé dans les vaiffeaux, qui n'étoit pas
expulfé tout d'un coup, comme on l'avoit
penfé, mais qui fe mêloit au gas dans une
forte de progreffion relative aux quantités de
l'un & de l'autre fluide, & influoit d'une maniere auffi fenfible fur la pefanteur des produits, quoique dans aucun temps le mêlange
ne fût affez confidérable pour manifefter la
préfence de l'air commun par la détonnation.

Pour vérifier cette conjecture, nous mîmes
dans un grand flacon du zinc réduit en poudre
par la trituration à chaud, & de l'acide vitriolique délayé dont nous nous fervions
habituellement, en affez grande quantité pour
fournir en une feule fois environ 800 pouces
cubiques de gas inflammable. Au lieu de
laiffer le flacon débouché quelques inftans,
fuivant ce qui fe pratique dans l'efpérance
d'obtenir le gas plus pur, nous engageâmes
tout de fuite le fiphon fous la cloche de
verre, & le gas ayant été reçu fucceffivement
en quatre portions féparées, dans des récipiens

différens, & enfuite introduit dans le globe de verre à la maniere ordinaire, nous trou-vâmes les poids de ces produits dans les rapports fuivans avec l'air commun pris pour 1000.

Le premier produit . . . . 212.
Le fecond . . . . 128.
Le troifieme . . . . 96.
Le quatrieme . . . . 59.

Ainfi le dernier produit étoit réellement dix-fept fois plus léger que l'air athmofphé-rique. Ce réfultat n'eft pas fufpeĉt, puifque tous les accidens, toutes les fautes de ma-nipulation auroient plutôt diminué qu'aug-menté cette légéreté. Le feul point fur lequel on pouvoit avoir quelque défiance, c'eft que l'on n'eût pas laiffé paffer dans le globe de verre tout le gas qu'il pouvoit contenir, mais nous avions eu l'attention de tenir le robinet ouvert affez long-temps pour que ce fluide fe mît parfaitement en équilibre avec la co-lonne correfpondante de l'athmofphere.

On ne fera pas fâché d'apprendre que nous avons obfervé la même progreffion dans les différens produits fucceffifs du gas acide mé-phitique, excepté qu'elle étoit alors en raifon inverfe, la pefanteur augmentant à mefure que ce gas étoit moins mêlé de l'air des vaif-feaux.

Voilà fans doute la véritable caufe pou
laquelle les auteurs ont varié fur l'eftimation
de la pefanteur fpécifique du gas inflammable, les uns ayant opéré fur les premiers produits plus impurs, les autres fur les derniers.
Il en réfulte encore que fa légéreté doit être
plus grande que ne l'exprime notre quatrieme
rapport, car nous n'avons pas prétendu avoir
atteint le dernier terme de cette progreffion
décroiffante.

Gas inflammable du fer.

La pefanteur du gas inflammable du fer a
été trouvée par M. Achard, en rapport avec
celle de l'air commun :: 355 : 1000, lorfqu'il
l'a dégagé par l'acide vitriolique, & :: 583 :
1000, lorfqu'il s'eft fervi de l'acide acéteux.
(1)

Suivant M. Faujas, le rapport moyen de
ce gas obtenu par l'acide vitriolique, eft de
7 à 43 ou 163 à 1000 (2).

Nos expériences nous ont donné, toujours
avec le même acide vitriolique, les rapports
de 154, 185 & 196 à 1000.

---

(1) Mém. de l'Académie de Berlin, 1778, pag. 29.
(2) Defcription, &c. pag. 285.

Ces variations peuvent dépendre de quelques caufes accidentelles, telles que la qualité du fer, les parties hétérogenes qui s'y
trouvent mêlées, & fur-tout la terre martiale
en état de chaux qui fournit une portion
d'acide méphitique ; cependant en écartant
tous ces accidens, on concilie encore ces
diverfes évaluations par le mêlange de l'air
commun des vaiffeaux, qui a lieu dans les
diffolutions du fer, comme nous l'avons dit
pour celles du zinc, en quantités décroif-
fantes.

Mais il fe préfente ici d'autres queftions
non moins importantes. D'où vient que le
gas du zinc eft conftamment plus léger que
celui du fer ? Le gas inflammable exifte- t -il
dans un état différent dans les diverfes fubftances métalliques ? Quelles font enfin les
matieres qui altérent ainfi inégalement fa pureté ? Ces queftions tiennent à des points de
théorie dont on n'a commencé à s'occuper
que depuis quelques années, & qui, malgré
les travaux des plus grands Chymiftes, ne
font pas encore complétement éclaircis ; en
attendant qu'ils foient parvenus à mettre des
principes démontrés à la place des probabi-
lités, voici celles que nous croyons pouvoir
propofer.

Il paroît que le gas inflammable pur eft,

comme le dit le célèbre Kirwan, le vrai phlogistique, le principe métallifant. Il est difficile d'en douter, lorsqu'on voit qu'il réduit
aussi promptement le minium chauffé dans un
tuyau de verre, qu'il suffit de le passer dans
l'acide arsenical pour reproduire l'arsenic,
qu'il est dégagé de tous les métaux par les
acides ; qu'il n'y a d'exception que quand
l'acide peut s'en emparer, comme il arrive
avec l'acide arsenical, ou quand l'acide laisse
précipiter en même temps une autre terre
métallique qui se l'approprie. Comme il n'y
a dans ces deux cas aucun produit gaseux,
il est naturel de penser que tout le produit
gaseux des autres dissolutions se fixe dans la
nouvelle combinaison pour régénérer le métal.

Cependant il y a des circonstances où les
affinités du gas inflammable paroissent différentes de celles du phlogistique pur. Par
exemple, le gas inflammable agité dans l'eau-
forte ne produit pas l'acide nitreux fumant,
il ne teint pas en bleu les dissolutions vertes
du cuivre, &c. &c. On peut donc croire que
le phlogistique est modifié ici par la présence
de quelqu'autre matiere ; mais quelle est cette
matiere qui ne se montre que quand le phlogistique est rendu libre, qui disparoît quand
il est aussi-tôt repris que dégagé ? Nous n'en
voyons pas d'autre que la matiere de la cha-

leur, ce principe qu'on peut appeller *calori-fique*, qui exiſte dans les corps indépendamment du phlogiſtique, & dans des proportions qui n'ont entr'elles aucune correſpondance, (1) qui a lui-même ſes affinités propres, & qui traverſe facilement les vaiſſeaux lorſqu'il n'eſt engagé dans aucune baſe. Le gas inflammable ſera donc le phlogiſtique pur mis en état gaſeux par ſa combinaiſon avec le principe calorifique : c'eſt l'hypothèſe de Mr. Kirwan. Mais, dans ce ſyſtême, le gas inflammable n'eſt pas moins un corps identique, lorſqu'il eſt pur; l'augmentation de peſanteur ſous un même volume, nous force dès-lors d'en chercher la cauſe dans les matieres qui peuvent lüi être accidentellement unies, & il nous ſemble qu'on peut en admettre de deux eſpèces.

D'abord il eſt certain que le gas inflammable, lors même qu'il a été paſſé par l'eau, retient toujours une portion de l'acide qui a ſervi à le dégager : on a eu l'occaſion de s'en convaincre à la ſéance du Cours de Chymie de cette année, où MM. les Commiſſaires ont fait brûler ſous la cloche le gas inflammable avec l'air vital, à la maniere de M. Lavoiſier.

---

(1) *Analyſe du fer* par M. Bergman.

L'eau qui s'eſt trouvée après l'opération ſur le mercure, rougiſſoit ſenſiblement le papier bleu.

D'autre part, il eſt poſſible que le gas inflammable emporte avec lui & retienne par affinité quelques molécules infiniment ſubtiles du métal diſſous; cela n'eſt pas plus difficile à croire que la préſence bien démontrée du quartz dans le gas acide fluorique, du fer dans le gas nitreux, &c. &c.

Cela poſé, on ſent combien on eſt éloigné de connoître toute la légéreté du gas inflammale pur; mais il ſera facile d'expliquer pourquoi ſa peſanteur varie dans les divers procédés employés pour le dégager du même métal par différens acides, ou de différens métaux par le même acide, puiſque les produits ſeront dans tous ces cas de nouveaux compoſés, qui participeront néceſſairement des propriétés des parties compoſantes & des doſes inégales dont l'union ſera déterminée par le plus ou le moins d'affinité.

Du gas inflammable obtenu ſans le ſecours des acides.

La quantité de gas inflammable néceſſaire pour remplir un Ballon, devenant un objet de dépenſe très-conſidérable, il étoit très-

important de rechercher les moyens de l'obtenir à moins de frais ; c'étoit même une des
conditions les plus essentielles, en suppofant
que l'on ne parviendroit pas à former des
enveloppes capables de le contenir fans perte
ou fans altération : nous avons en conféquence
multiplié nos expériences à ce fujet.

Nous favions que M. Prieftley avoit dégagé
du gas inflammable du fer, de l'étain & du
zinc, par la feule calcination ; qu'il en avoit
obtenu du mêlange de limaille de fer & de
craie, par la voie feche ; que M. de Laffone
en avoit recueilli pendant la réduction du
zinc par le charbon, & en traitant de même
le bleu de pruffe avec le charbon dans un
canon de fufil ; que le même Académicien
avoit produit ce gas en faifant attaquer le
zinc ou le fer par l'alkali cauftique ; que les
charbons éteints fous une cloche de verre
remplie d'eau, en avoient donné à M. Fontana,
& que l'inflammabilité de la vapeur de l'hépar
falin avoit été reconnue par MM. Rouelle &
Meyer : mais dans tous ces procédés, ou les
produits font foibles, ou les matieres d'un
trop haut prix ; il en eft de même de tous
ceux que l'analogie paroît indiquer d'après
ces obfervations ; & les tentatives que nous
avions faites pour obtenir ce gas des métaux
les plus communs, en les traitant avec des

fels neutres, n'ayant eu aucun fuccès, nous avons porté nos vues fur les gas inflammables dégagés par la diftillation des matieres végétales & animales.

Nous allons donner ici les réfultats de ces effais, en fuivant l'ordre de légéreté, ou plutôt de moindre pefanteur fpécifique des produits, & indiquant en peu de mots la ma.niere de les obtenir & de les purifier.

Gas inflammable de la racine tubéreufe *du* folanum efculentum.

Tous les végétaux fourniffent en quantité du gas inflammable pendant leur diftillation, mais il s'en faut bien qu'il foit pur ; il eft non feulement toujours mêlé d'autres fluides aériformes, il retient encore probablement quelques portions des autres produits plus groffiers, qui font volatilifés par le feu. Cela n'empêche pas que ce gas ne foit quelquefois détonnant, fur-tout lorfqu'on le mêle avec trois ou quatre fois fon volume d'air commun.

Plus le gas inflammable eft pur, plus il eft détonnant ; c'eft une vérité que la théorie nous avoit fait preffentir, & que nous avons vu confirmée par un grand nombre d'obfervations : cependant il ne faut pas fe preffer de conclure la légéreté d'un gas de cette feule circonftanee ; indépendamment de ce qu'il n'eft pas facile d'en faifir la nuance, on verra que l'intenfité de cette propriété varie autant par la nature que par les proportions des mêlanges aériformes.

Nous avons diftillé dans une cornue de fer, la racine tubéreufe du *folanum efculentum* (vulgairement *pomme de terre*) ; au bec de la cornue étoit adapté un tuyau de verre courbé, engagé fous une cloche renverfée & pleine d'eau. Cette diftillation a produit une quantité très - confidérable de gas, pour la plus grande partie inflammable.

Paffé dans l'eau de chaux, & mêlé avec moitié d'air commun, il a détonné prefque comme le gas du fer.

Ce gas inflammable pefé comme les autres dans le globe de verre, s'eft trouvé avec l'air commun dans le rapport de 10 à 39, ou en ramenant cette proportion aux termes que nous avons cru devoir adopter pour rendre la comparaifon plus facile :

Dans le rapport de 256 : 1000.

La fécule de cette racine & fa pulpe traitées féparément à la diftillation, ont fourni conftamment un gas de même nature, c'eft-à-dire, auffi détonnant & auffi léger, après avoir été paffé par l'eau de chaux.

Il eft aifé de voir que l'eau de chaux eft

employée

employée ici pour abforber le gas acide méphitique ou air fixe, qui a paffé à la diftillation pneumatique avec le gas inflammable,
ou plutôt pour rendre cette féparation plus
prompte & plus complette, car il eft certain
qu'elle s'opéreroit de même à la longue par
le feul contact des produits gafeux avec l'eau
de la cuve & des récipiens.

Cependant le gas reftant étant encore plus
pefant que le gas des métaux, nous jugeâmes
que ce n'étoit pas feulement le gas méphitique qui altéroit fa pureté; nous avions déjà
foupçonné l'affinité des huiles avec le gas
inflammable, & cette conjecture s'étoit vé-
rifiée d'une maniere bien fenfible par deux
obfervations dont nous avons déjà eu occafion de parler.

La premiere eft, que toutes les fois que
nous introduifions dans le globe de verre un
gas inflammable retiré par diftillation, fa furface intérieure paroiffoit graffe, quoique le
gas eût été recueilli long-temps auparavant,
& qu'il eût été lavé ou même braffé dans
plufieurs eaux froides; ce n'étoit donc pas
feulement la chaleur qui tenoit cette huile
en diffolution.

La feconde obfervation eft que le globe de
verre ayant été ainfi obfcurci par le gas in-

E

flammable des végétaux, il ne changeoit plus, foit qu'on y fit le vuide, foit qu'on y fit paffer de nouveau gas de même nature, ou même de l'air commun, au lieu qu'il redevenoit tranfparent, comme auparavant, à l'inftant que l'on y faifoit paffer du gas inflammable du zinc. Les Chymiftes favent très-bien qu'on ne parvient à nettoyer les vaiffeaux qu'en y portant les diffolvans propres des matieres qui les faliffent.

On peut ajouter à ces deux faits, celui qui a été obfervé par M. Volta, que le gas in-flammable des métaux, lorfqu'il eft dégagé par des acides qui recelent le principe hui-leux, tels que les acides acéteux, citronien, &c. devient lui-même lent à brûler, & donne une couleur femblable à celle du gas produit par la diftillation (1).

Enfin, nous avons fait digérer à une douce chaleur le gas inflammable du zinc, dans un matras, au fond duquel nous avions mis une once d'huile d'olive, & dont le col portoit une veffie pour donner de l'efpace au fluide expanfible : l'huile a noirci très-promptement, & le gas s'eft trouvé, après l'opération, fen-fiblement moins détonnant.

____

(1) Journ. phyf. tom. XII, pag. 369.

Nous avons tenté divers moyens pour débarraffer le gas de la diftillation de cette portion huileufe.

1°. Au lieu d'une cornue, nous avons employé un vaiffeau en forme de cucurbite, portant à fon chapiteau un tuyau perpendiculaire très-élevé, préfumant que l'huile ne monteroit pas auffi facilement, qu'en retombant elle fe décompoferoit & augmenteroit encore la quantité du gas inflammable; le produit a été en effet un peu plus confidérable, mais fon poids étoit le même à volume égal: ce n'eft pas l'huile qui paffe dans le récipient qui altere le gas, c'eft celle qui eft rendue aériforme par fon union au gas.

2°. Il étoit connu par les expériences de l'infatigable Prieftley, que le gas inflammable n'éprouvoit aucune altération de la plus forte chaleur dans les vaiffeaux clos; on pouvoit donc efpérer de rôtir l'huile qui lui étoit adhérente, & de le rendre ainfi plus fec fans le détruire : nous adaptâmes pour cela au bec de la cornue & même au tuyau de la cucurbite dont il a été fait mention précédemment, un canon de fufil, qui traverfant un fourneau rempli de charbons ardens, étoit toujours entretenu au rouge blanc. Ce gas fut reçu comme à l'ordinaire, dans l'eau de chaux;

il parut d'abord détonner plus fortement avec une moindre quantité d'air commun, mais la légéreté ne fut pas fenfiblement augmentée; peut-être que l'effet feroit plus marqué, fi, au lieu d'un tuyau droit, où le fluide paffe trop rapidement, on employoit des tuyaux circulans dans le foyer du fourneau.

3°. Nous avons effayé de fixer ou du moins de retenir l'huile dans la cornue jufqu'à une décompofition plus complette, en mêlant les matieres végétales ou animales avec des terres & fels terreux, tels que la chaux, l'argille, le gypfe; la chaux vive en poudre eft ce qui nous a le mieux réuffi, le gas n'a pas été fenfiblement amélioré par les autres mélanges.

4°. Au lieu d'une fimple eau de chaux pour abforber le gas acide méphitique, nous avons imaginé de remplir la cuve & les récipiens de lait de chaux dans l'efpérance qu'il agiroit auffi fur l'huile, & pourroit la féparer du gas inflammable en la mettant en état de favon. L'effet en a été très-avantageux dans quelques opérations où le produit huileux n'étoit pas affez abondant pour émouffer fon action, la liqueur prenoit réellement une qualité favonneufe, & le bas prix de cette matiere nous a déterminé à l'employer.

5°. Il y a d'autres fubftances qui ont en-

core de l'affinité avec les huiles qui les atta-
quent plus vivement, nous crûmes devoir en
faire l'essai, quand il ne serviroit qu'à éclaircir
ce point de théorie : nous reçumes en conféquence le gas de la diftillation dans l'eau
de chaux chargée fucceffivement d'alkali cauftique, de favon, d'alun, de vitriol de mars,
d'acide vitriolique & d'acide nitreux. L'alkali
& le favon manifefterent conftamment l'action
la plus efficace ; mais le paffage rapide ne
fuffifoit pas, il falloit laiffer féjourner quelque temps le gas inflammable à la furface de
ces liqueurs, ou du moins les agiter. Un gas
non détonnant, quoique recueilli dans l'appareil au lait de chaux, étant braffé quelques
minutes dans une de ces liqueurs, ou fimplement dans une nouvelle eau de chaux, devenoit auffi-tôt fortement détonnant.

Cependant, malgré toutes ces rectifications,
ces gas n'ont pu acquérir la même légéreté
que le gas inflammable des métaux, & l'on
n'en fera pas étonné, fi l'on fait attention
qu'indépendamment d'une derniere portion
huileufe qui peut y adhérer très-fortement,
ils font encore néceffairement mêlés à une
certaine quantité d'air nuifible ou phlogiftiqué, & fe trouvent à cet égard dans la même
condition que le gas inflammable des marais.

En effet, les gas produits par la diftillation & par la putréfaction, étant toujours chargés originairement d'une quantité plus ou moins confidérable de gas acide méphitique, on peut bien le féparer en lui préfentant des corps avec lefquels il ait plus d'affinité ; mais il laiffe ici, comme dans toutes les opérations de ce genre, un air réfidu que l'eau ne peut abforber, & qui n'a plus les propriétés de l'acide mé-phitique ou air fixe, en un mot, un véritable air nuifible ou phlogiftiqué. Or, comme il n'y a jufqu'à préfent aucun moyen connu de fé-parer ce fluide du gas inflammable, cette cir-conftance paroît mettre un terme à nos re-cherches, du moins jufqu'à ce qu'on ait ac-quis de nouvelles lumieres, & ne nous laiffer que la faculté de choifir dans les gas de la diftillation, ceux qui fe trouvent naturelle-ment contenir une moindre quantité d'air nuifible.

Gas inflammable du maïs.

Le maïs ou bled de turquie, traité à la dif-tillation de la maniere ci-devant décrite, a fourni une grande quantité de gas inflamma-ble, qui, recueilli dans la cuve chargée de lait de chaux, détonnoit affez vivement, & qui s'eft trouvé avec l'air commun :

Dans le rapport de 323 : 1000.

Gas inflammable du bled, &c.

Suivant les expériences de M. Achard (1), le gas inflammable retiré des fubftances végétales, & nommément de l'*orge*, par le moyen du feu, eft auffi pefant que l'air commun ; mais ce Chymifte ne faifant mention d'aucune manipulation, d'autre intermède pour en féparer l'huile, ni même le gas acide méphitique, toujours mêlé en quantité dans les produits aériformes de ces diftillations, nous n'ayons pas cru devoir négliger l'effai des fubftances analogues qui pouvoient fe trouver à un certain prix, nous avons en conféquence diftillé dans notre appareil ordinaire le fon des amidonniers, le fon & la paille du froment.

Le gas inflammable obtenu de la paille s'eft trouvé le plus lourd & feulement dans le rapport de 555 ; celui du fon ordinaire : : 476 ; celui du fon des amidonniers le plus léger, & fa pefanteur fpécifique étoit à celle de l'air commun :

Dans le rapport de 323 : 1000.

______

(1) Mémoires de l'Académie de Berlin, ann. 1778, pag. 29.

Gas inflammable du charbon de terre.

Le charbon de pierre a été diftillé de même dans la cornue de fer, & le gas recueilii dans des récipiens dont l'eau, ainfi que celle de la cuve, étoit chargée de lait de chaux & de potaffe, il s'eft trouvé avec l'air commun :

Dans le rapport de 370 : 1000.

On ne peut douter que l'alkali rendu cauftique par la chaux, a concouru à retenir une portion de l'huile volatilifée par le gas, puifque le même gas purifié feulement par le lait de chaux, & après y avoir féjourné deux jours entiers, n'étoit que dans le rapport de 417 : 1000.

Gas inflammable de la gomme arabique.

La gomme arabique diftillée de même, a donné un gas qui, recueilli dans la cuve chargée de lait de chaux, étoit détonnant, & dont la pefanteur fpécifique étoit à celle de l'air commun :

Dans le rapport de 400 : 1000.

Gas inflammable du fucre brut.

Ayant traité de la même maniere le fucre brut ou caffonade, & fait paffer le gas par le mêlange de potaffe & de lait de chaux, il s'eft trouvé avec l'air commun :

Dans le rapport de 400 : 1000.

Gas inflammable du tartre, &c.

Le tartre de vin, la lie féche & le marc de raifin, ont été foumis à divers effais pour en retirer un gas inflammable léger; ces matieres nous avoient paru devoir principalement fixer notre attention, parce qu'indépendamment de ce qu'elles font affez communes, l'opération par laquelle on en auroit tiré le gas, en auroit augmenté plutôt que diminué la valeur, puifqu'on eft obligé de les brûler pour en retirer l'alkali, & qu'après la diftillation, une légere calcination du réfidu à l'air libre lui eût donné la qualité que l'on defire dans le commerce; de forte que ce réfidu auroit payé & au delà la matiere premiere & la main-d'œuvre.

Le fuccès n'a pas répondu à ces vues économiques : le gas du marc de raifin fec n'étoit qu'une fois plus léger que l'air commun.

Le gas du tartre recueilli & même braffé dans le lait de chaux, n'étoit encore que dans le rapport de 555 : 1000.

Lorfque le tartre a été mêlé avant la diftillation, avec la chaux vive en poudre, le gas s'eſt trouvé avec l'air commun :

Dans le rapport de 417 : 1000.

Gas inflammable de l'huile.

Les huiles les plus peſantes, traitées à la diſtillation ſuivant la méthode ordinaire, ne donnent que très-peu de gas, parce qu'elles paſſent avant de ſe décompoſer ; nous avons penſé que l'on pourroit hâter cette décompoſition en projetant l'huile goutte à goutte dans des vaiſſeaux chauffés au rouge, & le ſuccès a paſſé nos eſpérances pour la quantité du produit.

Ayant jeté ſucceſſivement de l'huile d'olive par la tubulure d'une cornue de fonte chauffée au rouge preſque blanc, il s'eſt dégagé à chaque fois une prodigieuſe quantité de gas inflammable, qui, étant recueilli & leſſivé dans le lait de chaux, s'eſt trouvé avec l'air commun :

Dans le rapport de 555 : 1000.

Toutes les fois qu'on a répété cette expérience, on a trouvé, après l'opération, au fond de la cornue pluſieurs globules de fer fondu, dont quelques-uns avoient la groſſeur d'un grain de chenevis ; circonſtance qui nous paroît d'autant plus digne d'attention, qu'elle annonce que le métal n'a point été calciné, & que le gas inflammable n'étoit pas le produit de cette calcination, comme on pouvoit le penser à cause du degré de chaleur qu'exige cette décompofition fubite de l'huile.

Suivant M. Neret (1), le gas inflammable huileux, comme celui des marais, ne fait explofion qu'avec l'air vital ou déphlogiftiqué, & jamais avec l'air commun, dans telles proportions que foit le mêlange, & c'eft une pierre de touche pour le diftinguer du gas des métaux. Nous avons déjà rapporté plufieurs obfervations contraires à ce principe, puifque cet Auteur applique le nom de gas inflammable huileux à tous ceux qui font tirés des matieres végétales & animales. Mais nous pouvons affurer que le gas tiré de l'huile même, & purifié dans le lait de chaux, a détonné fenfiblement, en le mêlant feulement à trois parties d'air commun. On peut juger par-là de l'effet de cette efpèce de rectification, puifque M. de Volta avoit cru qu'il falloit jufqu'à douze parties d'air commun pour faire détonner le gas huileux, & que M. Barbier de Tinan affure n'avoir eu d'explofion qu'en en employant fept parties (2).

_____

(1) Journ. phyf. tom. XIV, pag. 132.
(2) Journ. phyf. tom. XV, pag. 145.

Gas inflammable de la corne.

La corne de pied de cheval, traitée à la diſtillation, a fourni un grande quantité de gas inflammable, qni a détonné foiblement avec trois parties d'air commun, lorſqu'il eut été agité dans le lait de chaux, & dont la peſanteur ſpécifique avec l'air athmoſphéri-que, étoit :

Dans le rapport de 555 : 1000.

Gas inflammable du bois.

On avoit ſouvent obſervé au laboratoire de l'Académie, en préparant l'acide lignique, qu'il ſe dégageoit beaucoup de gas inflam̄able dans cette opération. Ce procédé eût été ſans doute un des plus économiques, puiſque nous avons reconnu qu'une livre de copeaux de hêtre fourniſſoit 840 pouces cubiques de gas paſſé dans le lait de chaux; mais il avoit peu de légéreté, étant avec l'air commun :

Dans le rapport de 625 : 1000.

Le bois blanc en a donné auſſi en quan-tité, mais dont la peſanteur étoit dans le même rapport.

Gas inflammable des marons d'inde.

Le fruit du marronnier d'inde (*hippocaſtanum*)

traité à la diftillation, a fourni un gas inflammable non détonnant, dont la pefanteur fpécifique étoit à celle de l'air commun :

Dans le rapport de 714 : 1000.

La chaux vive & le gypfe en poudre,
mêlés fucceffivement aux marrons dans la
cornue, n'ont pu améliorer fenfiblement le
produit.

Gas inflammable dégagé des charbons par le nitre.

On tient affez généralement que la projec-
tion du nitre fur les charbons ardens, purifie
l'air en y portanr une grande quantité d'air
pareil à celui qu'on obtient de la diftillation
du nitre, c'eft-à-dire de l'air vital. L'un de
nous (M. Chauffier) ayant communiqué à
l'Académie une obfervation de laquelle il
réfultoit que le fluide aériforme produit par
cette déflagration, n'étoit pour la plus grande
partie que du gas inflammable & du gas acide
méphitique, nous crûmes devoir faire l'effai
de fon procédé.

On mit des charbons bien allumés dans un
grand vaiffeau de terre ; on plaça ce vaiffeau
fur un fupport, au milieu d'un bacquet rempli
d'eau, jufqu'à la hauteur d'un pouce au deffous
du bord du vaiffeau de terre ; on projeta fur

les charbons du nitre en poudre, & on couvrit auffi-tôt ce vaiffeau avec une grande cloche de verre qui fut enfoncée jufques dans l'eau du bacquet.

L'eau s'éleva fubitement dans la cloche, elle éteignit les charbons, & s'étant arrêtée à quelques lignes au deffus, le fluide aériforme renfermé dans la partie fupérieure, fe trouva très-inflammable (1), même un peu détonnant, lorfqu'il eut été leffivé dans le lait de chaux qui en abforba une partie; mais fon poids étoit à celui de l'air commun :

Dans le rapport de 769 : 1000.

Ce rapport vérifie à la fois, & l'obfervation de M. Chauffier, de l'air rendu nuifible par la déflagration du nitre fur les charbons ardens, & la raifon que nous avons donnée précédemment de la plus grande pefanteur du gas inflammable de la diftillation, même après la rectification qui lui enleve l'acide méphi-

____

(1) M. Fontana avoit déjà retiré du gas inflammable des charbons, en les éteignant l'un après l'autre fous une cloche de verre remplie d'eau (*Treatife on the natur of air,* &c. par M. Cavallo, chap. 4); mais il n'obtenoit, de cette maniere, que quelques bulles de ce gas, au lieu que l'on le recueille ici très-promptement, & en très-grande quantité.

tique ; car il eſt évident que ce n'eſt ni l'air commun qui ſe trouve ſous la cloche, ni bien moins encore de l'air vital (1) produit par le nitre, qui augmente le poids du gas de cette opération, puiſque ces fluides manifeſteroient leurs propriétés ordinaires, en convertiſſant l'inflammation ſimple en détonnation : c'eſt donc véritablement de l'air nuiſible ou phlogiſtiqué.

Ce procédé de M. Chauſſier nous a donné l'idée d'eſſayer ſi par le moyen du nitre, on ne parviendroit pas auſſi à dégager le gas des métaux : nous avons fait rougir dans un creuſet de petits barreaux de fer, nous y avons projeté du nitre, & nous y avons mis ſur le champ un couvercle ajuſté & portant le ſiphon pneumatique ; il a fallu augmenter le feu pour obtenir un peu de gas qui n'étoit ni détonnant, ni même inflammable.

Gas inflammable du ſuif.

Nous avons enfin recueilli le fluide aériforme qui ſe dégage pendant la diſtillation du ſuif, & dont nous avions bien reconnu l'inflamma-

---

(1) La peſanteur ſpécifique de l'air vital, eſt à celle de l'air commun, ſuivant nos expériences : : 26 : 25.

bilité en préparant l'acide fébacé à la maniere de M. Crell, & il s'eſt trouvé plus peſant que l'air commun :

Dans le rapport de 1100 : 1000.

Lors même que nous avons eu la précaution de mêler la chaux vive au ſuif dans l'acte de la diſtillation, & de rectifier le produit gaſeux, en le braſſant fortement dans le lait de chaux.

Concluſion de la ſeconde partie.

D'après ces expériences, trois ſortes de gas doivent fixer principalement l'attention de ceux qui veulent élever des aéroſtates par le moyen du gas inflammable.

Le premier eſt celui de la racine tubéreuſe du *ſolanum*, qui eſt près de quatre fois plus léger que l'air commun, qui l'emporte de beaucoup à cet égard ſur tous les autres gas inflammables produits par la diſtillation, parce qu'il eſt naturellement moins mêlé d'air nuiſible ou phlogiſtiqué, & qui conſervera probablement cet avantage, tant que l'on ne découvrira pas un moyen de ſéparer l'air nuiſible du gas inflammable, ce que l'on ne peut guere eſpérer dans l'état actuel de nos connoiſſances.

Ce gas inflammable ſera très-économique.

Un

Un pied cube de pommes de terre, qui fe vend ordinairement 30 à 35 fols, fournira en moins d'une heure & demie, plus de 160 pieds cubes de ce gas bien purifié. Il n'exigera d'autre dépenfe que celle des cornues une fois faite, ainfi que de l'appareil pour le recueillir & le rectifier, & à peu près un pied cube de charbon par heure, pour entretenir le fourneau quand il eft échauffé.

A la vérité on fera obligé de donner au Ballon un peu plus de volume que fi on employoit le gas du fer, de le porter, par exemple, de 27 à 31 pieds de diametre, pour obtenir la même force d'afcenfion ; mais l'augmentation de l'enveloppe ne fera jamais un objet bien confidérable ; & comme trois pieds cubes de ce gas ne coûteront pas feulement le tiers de ce que valent deux pieds cubes de gas du fer, même dans les fabriques d'acide vitriolique, il y aura encore une grande économie.

Le *fecond*, dans l'ordre de légéreté, eft le gas dégagé du fer par l'acide vitriolique ; on peut, fans crainte d'erreur, l'eftimer au 6e. du poids de l'air qu'il déplace, lorfque l'opération a été bien conduite ; mais il devient très-chcr à caufe de la quantité d'acide vitriolique néceffaire pour le dégager, malgré l'état de perfection auquel ces fabriques ont

été portées en France depuis quelques années, & qui a fait baïffer de près de moitié
le prix de cette marchandife : en Bourgogne
& dans la plupart des Provinces, il faut y
ajouter les frais de tranfport. Le vitriol de
mars, ou couperofe verte qui refte après
l'opération, recueilli avec toutes les précautions poffibles pour n'en point perdre & pour
lui donner toute la valeur dont il eft fufceptible, paie à peine le 7e. de l'acide; en un
mot, cette dépenfe paroîtra toujours exceffive
lorfqu'on confidérera que le produit ne dure
que quelques heures, qu'il eft deftiné à être
reçu dans des enveloppes qui ne le confer-
vent point, & que jufqu'à préfent on n'eft
parvenu à les remplir qu'en y portant à la
fois une plus grande quantité de gas qu'elles
n'en perdent dans le même temps.

Le *troifieme* gas propre aux machines aéroftatiques, eft celui que l'on tire du zinc par
l'acide vitriolique (1); il eft le moins pefant
de tous les fluides connus, on peut eftimer
fon poids dans les opérations en grand au
12e. de l'air qu'il déplace. Ce gas eft auffi le

---

(1) Nous ne parlons pas de celui qu'on dégage par
l'acide muriatique, parce que cet acide coûte plus, fe
trouve moins facilement en quantité, & ne donne pas
le gas inflammable plus léger.

plus cher, puifque ce n'eft plus feulement l'acide qui devient un objet confidérable, mais le métal lui-même qui coûte fept ou huit fois autant que le fer. On verra dans la fuite les raifons qui nous ont engagé à en faire ufage.

Le réfidu de l'opération eft à la vérité plus précieux que celui de la diffolution du fer, c'eft le vitriol de zinc que l'on nomme dans le commerce, couperofe blanche ; avec un peu de foin on obtient ce fel en quantité, & beaucoup plus pur que celui qu'on tire de Hollande, & qui fe vend de 80 à 85 liv. le quintal à Rouen, mais il ne s'en fait pas à beaucoup près une auffi grande confommation que du vitriol de mars.

D'après cela il eft naturel de penfer qu'on ne fera guere ufage du gas du zinc, que lorf-qu'on aura réuffi à conftruire des Ballons qui ne perdent pas, & qui, une fois remplis, puiffent fervir très-long-temps : comme il ne s'agira alors que d'une premiere dépenfe, il deviendra précieux par la facilité qu'il don-nera de diminuer les dimenfions de la ma-chine, en lui confervant la même force d'af-cenfion.

Il nous refte, pour compléter cette partie, à indiquer les procédés qui nous ont paru les plus avantageux pour dégager & recueillir ces trois efpèces de gas ; nous ne croyons pas

pouvoir mieux remplir cet objet qu'en rap-
portant ici les inftructions que nous avions
rédigées d'après des effais préliminaires pour
diriger la fuite des opérations, & qui ont été
corrigées fur les obfervations que nous avons
eu occafion de faire dans l'exécution.

Inftruction fur la maniere de dégager le gas inflammable de la racine du folanum.

Pour obtenir ce gas dans toute fa pureté,
& ne pas s'expofer à perdre la moitié du
produit, voici les précautions que l'on doit
prendre.

1°. Il faut de bonnes cornues de fer coulé
de forme ovoïde, de 28 pouces de hauteur
intérieure, & 16 pouces pour le petit diametre, portant dans le haut un collet un peu
évalé, de 5 pouces d'ouverture; on en voit
la coupe A, *fig. 6.* Ces cornues doivent avoir
au moins $\frac{1}{2}$ pouce d'épaiffeur dans le fond,
& 3 lignes dans le furplus.

Nous les avions fait faire avec deux ou-
vertures, l'une en haut pour les charger,
l'autre en forme de col incliné (*b fig. 6*), ce
qui les faifoit reffembler exactement à des
cornues tubulées : mais, indépendamment des
défauts de la coulée de ces vaiffeaux, nous
avons reconnu qu'il feroit plus avantageux de

fupprimer ce tuyau latéral, & d'adapter un canal à la piece qui ferme l'ouverture fupérieure.

Cette piece doit être ufée à l'émeri dans fon collet, & ce collet garni d'un cercle de fer portant deux anfes, avec vis de preffion fur le couvercle, comme le digefteur de Papin.

Il faut avoir vu, comme nous, avec quelle force le couvercle eft foulevé par les vapeurs, pour fentir toute l'importance de ces précautions, il n'y a aucune efpèce de lut qui réfifte.

2°. On doit fe garder d'élever ce vaiffeau fur des barreaux, comme les cornues ordinaires, la diftillation fe faifant à fec fur la fin, on le fondroit très-promptement. Il convient donc de mettre fimplement ces vaiffeaux fur des tourtes de fer *c* d'une largeur proportionnée, comme on le pratique pour les creufets, & de fermer les cendriers, pour ne donner le grand feu que par degrés, & toujours en commençant par le deffus.

Lorfque l'opération fe fait en plein air, il ne faut ni dôme ni cheminée; quelques briques mobiles pofées à plat fur le fourneau, & portant un peu au deffous du collet, fuffifent pour concentrer & réverbérer la flamme.

3°. Le premier tuyau recourbé B, doit être

auffi de fonte coulée avec le couvercle & les autres tuyaux de cuivre foudé en foudure forte, encore faudra-t-il les rafraîchir de temps en temps avec des éponges imbibées. Les autres foudures couleroient infaillible- ment.

4°. Une autre attention bien importante, eft non-feulement de donner à ces tuyaux une largeur convenable, comme de 20 lignes de diametre pour le moins, en fuivant les proportions ci-deffus, mais de ne pas tenir trop d'eau dans la cuve où eft plongé le ton- neau fervant de récipient, parce que la com- preffion que fon poids feroit éprouver à l'air qui y feroit paffé, réagiroit contre les va- peurs, elles fe feroient jour avec impétuofité par toutes les parties foibles du tuyau, & briferoient les luts des jointures.

Il faut cependant de l'eau & en quantité, foit pour condenfer les vapeurs blanches qui s'élevent fur-tout dans le commencement de la diftillation, foit pour abforber l'acide mé- phitique ou air fixe; car quoique ce végétal en donne moins, il en fournit cependant affez, non-feulement pour rendre le gas fenfible- ment moins léger, mais encore pour lui ôter la vertu de détonner avec l'air commun. C'eft ce que nous avons éprouvé un grand nombre de fois. Le gas obtenu des pommes de terre

fans avoir traverſé une colonne d'eau ſuffiſante, peſoit environ les $\frac{2}{3}$ de l'air athmoſphérique; il ne détonnoit nullement avec l'air
commun; agité dans un vaſe où l'on avoit
introduit quelques gouttes d'eau de chaux, il
reprenoit ſur le champ ſa légéreté, & détonnoit comme celui du fer.

Le plus ſûr ſeroit ſans contredit de recueillir ce gas dans des tonneaux ou autres
plus grands vaiſſeaux, où on laiſſeroit entrer
une couche de 1 ou 2 pouces de bon lait de
chaux, & qu'on agiteroit en les roulant
pendant deux heures; mais ce grand nombre d'énormes vaiſſeaux, qui deviendroit
peu diſpendieux pour un attelier qui en feroit ſouvent uſage, eſt trop cher, & même
trop embarraſſant pour une ſeule expérience;
voici les moyens qui nous ont paru ſuffiſans
pour concilier tous les avantages qu'on peut
deſirer.

Le ſiphon qui porte le gas ſous le récipient
pneumatique, doit être terminé par une pome
d'arroſoir C, le plus près du fond de la cuve
qu'il eſt poſſible, afin de diviſer la vapeur,
de multiplier les points de contact avec le
liquide, & de s'aſſurer que le récipient étant
plein de gas, l'ajutage ſera toujours ſous
l'eau.

Cette eau doit être chargée d'un bon lait

de chaux, que l'on aura eu foin de faire fufer un inftant auparavant; car fi on jetoit la chaux en pierre dans la cuve, elle fourniroit en fufant un peu d'air phlogiftiqué, il n'eft pas befoin de dire que ce doit être de la chaux vive en pierre.

Cette eau doit être changée de temps en temps, on reconnoît qu'elle a perdu fa vertu lorfqu'elle ne rougit plus le papier coloré en jaune par le curcuma; on ne doit pas même attendre qu'elle n'y faffe plus aucune impreffion; car comme elle eft deftinée à abforber & à fixer l'acide méphitique qui la traverfe rapidement, on fent qu'elle en doit être affez chargée pour lui offrir par-tout des points de contact très-multipliés.

Le récipient doit être furmonté d'un robinet D, que l'on laiffe fermé jufqu'à ce qu'il foit rempli, ce qui donne aux vapeurs le temps de fe condenfer, & favorife auffi l'abforption de l'acide méphitique par la compreffion.

Pour hâter encore la condenfation & l'abforption, il faut placer au fond de la cuve, une pompe E dont le corps foit toujours plongé fous l'eau, dont l'ajutage F foit à 4 ou 5 pouces au deffus du bord du récipient, & qui ait fes foupapes difpofées de maniere qu'elle ne puiffe jamais ramener le gas, mais au contraire qu'elle prenne l'eau à chaque coup de piston, & la pousse ensuite avec force, à travers le gas, & contre la partie supérieure du récipient. Quelques coups de piston remplaceront ainsi très-bien l'agitation, parce que l'eau retombe en pluie, & saisit les parties d'acide méphitique, qui auroient pu échapper, mais on sent que cette pompe doit être poussée avec vivacité, lorsqu'elle refoule, autrement elle ne produiroit qu'un simple bouillon, & l'effet seroit manqué. Si l'on pensoit que l'on ne dût pas s'en rapporter à cet égard aux ouvriers, il seroit facile de prévenir cet inconvenient, en établissant le jeu de la pompe sur une bascule chargée à son extrêmité des poids nécessaires pour imprimer au piston G la vitesse qu'on desire; de sorte qu'après avoir élevé ces poids par leurs efforts sur le levier opposé, les ouvriers n'auroient plus qu'à abandonner la machine à sa propre force.

Enfin, rien n'empêche de faire passer le gas sous un autre grand récipient H posé de la même maniere, dans une cuve également remplie de lait de chaux, renouvellé de temps en temps, par le moyen du siphon recourbé I, aussi terminé en pomme d'arrosoir, & fixé de maniere à être toujours sous l'eau. On seroit alors bien sûr de ne porter dans le Ballon qu'un gas sec, privé de toute vapeur aqueuse,

& d'acide méphitique; c'est l'objet le plus important, & pour lequel on ne doit rien négliger.

Il ne faut pas diffimuler cependant que cette derniere pratique fi fûre, & peut-être même néceffaire, entraîne des difficultés dans l'exécution. Nous avons éprouvé que le gas ne paffoit qu'avec la plus grande peine, d'un tonneau dans l'autre, fur-tout lorfque la feconde cuve étoit chargée d'une certaine quantité d'eau, ce qui eft pourtant néceffaire. Nous imaginâmes, pour faciliter cette opération, de rendre le premier récipient mobile, & de l'abaiffer avec force dans l'eau, mais fix hommes en venoient à peine à bout, & fouvent le gas fortoit avec violence fous les bords inférieurs de ce premier récipient, plutôt que de paffer dans la feconde cuve.

A la vérité les deux cuves étoient alors fur le même plan, au lieu que dans nos effais préliminaires, la derniere fe trouvoit plus élevée; on aura donc le même avantage en plaçant les cuves & même le fourneau fur des plans différens, comme nous l'avons fait repréfenter dans la *figure 6*, ce qui n'occafionnera que la dépenfe de quelques madriers, & d'un échafaud léger, pour foutenir le Ballon à la hauteur néceffaire.

Mais dans tous les cas, il y a une maniere

facile de fimplifier cette manipulation, en la rendant même encore plus avantageufe à l'objet principal, c'eft-à-dire, à la purification du gas. Elle confifte à adapter au deffus du robinet du premier récipient, la foupape d'un bon foufflet, *figure* 7, bien affujetti, pour qu'on puiffe le faire jouer fans le déranger, & portant à fa douelle le fiphon de la feconde cuve. Pour plus de fûreté, on pourroit encore placer dans la douelle une foupape qui fe fermeroit quand on leveroit l'ais fupérieur. Lorfque ce récipient eft plein, ou à peu près, un ouvrier chargé de ce travail, ouvre le robinet, éleve & abaiffe alternativement le foufflet, jufqu'à ce qu'il ait fait paffer tout le gas de cette cuve dans l'autre, ce dont il eft aifé de s'appercevoir, parce que l'eau de la cuve defcend à mefure que le récipient fe vuide d'air. Cette méchanique peu difpendieufe, nous a été très-utile pour vuider notre Ballon d'air commun, fans le froiffer, & de gas, fans en perdre. Nous n'avons pas befoin de faire obferver que l'augmentation de frais occafionnée par toutes ces manipulations, n'eft exactement rien en comparaifon du prix des matieres auxquelles on feroit obligé de recourir pour obtenir le gas par diffolution.

6°. La diftillation des pommes de terre fournit fenfiblement moins d'huile que les autres végétaux ; cependant elles en donnent encore affez pour graiffer promptement la liqueur de la cuve, & émouffer l'action de la chaux vive qui doit enchaîner l'acide méphitique. Nous avons paré à cet inconvénient, en mêlant les pommes de terre elles-mêmes, avec un quart de chaux vive pulvérifée avant de les mettre dans la cornue. Cette chaux ayant été bien mêlée par la trituration, a la propriété de retenir l'huile jufqu'à ce qu'elle éprouve un degré de feu capable de la détruire, & en fe charbonnant, elle contribue elle-même à augmenter la quantité de gas inflammable.

7°. En employant les pommes de terre féchées au four après avoir été coupées en tranche, ou même écrafées avec la chaux, on abrege le temps de l'opération, & on fe débarraffe de la partie aqueufe dont l'ébullition rapide tourmente les vaiffeaux par l'effort de dilatation & par la chaleur qu'elle y porte.

8°. On doit avoir ici la même attention que dans toutes les autres diftillations pneumatiques, pour n'engager le fiphon recourbé fous le récipient, que quand l'air commun a été chaffé des vaiffeaux & des tuyaux.

9°. Avec quatre appareils ainfi montés, & fix cornues, pour en avoir deux de rechange, nous n'eftimons pas qu'il faille plus de vingt quatre heures pour remplir un Ballon de trente pieds de diametre, sur-tout si on emploie les pommes de terres séchées au four.

Instruction sur les diverses manieres de dégager le gas inflammable du fer, par l'acide vitriolique.

M. Cavendish a observé qu'une once de fer (poids de Troy) donnoit un volume de gas inflammable égal à 412 onces d'eau, pendant sa dissolution dans les acides; & dans cette proportion, une livre de fer (poids de France) doit donner 9843,2 pouces cubes, c'est-à-dire, cinq pieds cubes & un peu plus de $\frac{2}{3}$.

Suivant M. Wenzel, 240 du plus fort acide vitriolique prennent 175 de fer.

M. Bergman ne suppose pas l'acide pur dans un si haut degré de concentration, puisqu'il ne fait entrer dans la composition du vitriol de mars, que 23 de fer pour 39 d'acide.

Suivant M. Faujas, 6 onces d'acide vitriolique à 66 degrés, ont dissous, à l'aide de la chaleur, 4 onces de limaille de fer, & fourni un pied cube de gas inflammable.

Nous avons trouvé, par le résultat moyen de nos essais préliminaires, qu'une livre d'acide vitriolique, au même degré, affoibli de $\frac{3}{4}$

parties d'eau, prenoit 10 onces 3 gros 66 grains ½ de fer en lames, & donnoit 6034 pouces cubes, ou 3 pieds cubes & demi moins 14 pouces cubes de gas inflammable.

Ces essais nous encore prouvé qu'en employant le même fer & le même acide vitriolique délayé, la dissolution, aidée de la chaleur d'un bain de sable très-doux, donnoit, dans un temps égal, une fois plus de gas que la dissolution à froid.

On verra que cette proportion ne se soutient pas dans le travail en grand, & nous ferons observer à quoi tient cette différence; mais cette considération nous avoit engagé à appliquer le feu, du moins à une partie de nos appareils, ce qui nous promettoit une économie de près d'un tiers d'acide ; & puisque cette opération nous a très-bien réussi, nous croyons qu'il ne sera pas inutile de rapporter ici le procédé en détail : nous donnerons donc la maniere de tirer le gas du fer, à l'aide du feu, dans des bouteilles, & sans feu dans des tonneaux.

Appareil au bain de sable.

Pour établir cet appareil, on commence par placer à l'ordinaire une cuve à sept ou huit pieds de distance du plancher destiné à recevoir le Ballon : après l'avoir remplie d'eau, on y enfonce le vaisseau destiné à servir de récipient , dont on a pour cela ouvert le robinet ; l'air en étant sorti , on ferme le robinet , on éleve le récipient à six pouces au deslus du fond de la cuve , & on l'assujettit solidement sur quatre montans de bois entaillés & assemblés à la partie supérieure dans un chassis quarré. (*Voyez* le plan A B, *fig. 8*, & la coupe, *fig. 9.*)

Un tonneau défoncé d'un bout, & percé de l'autre pour recevoir le robinet, peut trèsbien servir de récipient ; mais ces vaisseaux font sujets à s'échauffer, malgré la précaution de couvrir d'eau la partie supérieure ; ils perdent alors beaucoup de gas, ce qui nous a décidés à faire faire ces récipiens en fer blanc de la forme représentée C, *fig. 9.*

La cuve établie, on fait construire tout autour avec des briques & de l'argille, les petits fourneaux DD, *fig. 8 & 9*, composés d'un cendrier E, au dessus duquel on dispose quelques barreaux pour servir de grille, & du foyer F.

On place sur ces fourneaux de grandes capfules de tôle G, *fig. 10*, dont les côtés font élevés de 7 à 8 pouces, afin que le fable qu'elles doivent contenir, distribue également la chaleur, & ferve même à appuyer la partie foible des vaiffeaux.

Ces vaiffeaux dans lefquels doit fe faire la diffolution , font précifément les bouteilles de verre noir, dans lefquelles on envoie l'acide (1). Voici les précautions que l'on doit prendre pour en faire ufage, & au moyen defquelles nous fommes parvenus à prévenir tous les accidens.

Ces bouteilles font d'abord examinées avec foin, pour mettre au rebut celles qui feroient fêlées ou autrement défectueufes & fragiles.

Elles doivent être lavées & égouttées d'avance, de maniere qu'il n'y refte ni acide, ni humidité qui rouilleroit le fer.

Elles font garnies d'un bouchon de liége percé dans fon milieu, avec un emporte-piece pour recevoir le fiphon de fer blanc H, *fig. 9.*

On fait entrer dans chaque bouteille douze livres de lames de fer minces, connues fous le nom de riblon, & qui viennent des rognures de tôle ; cette dofe répond affez exactement à la capacité moyenne des bouteilles

---

(1) Nous avons auffi employé quelques jarres de grais , dans lefquelles on envoie les eaux-fortes , elles foutiennent très-bien le feu, elles font feulement un peu moins commodes , en ce qu'elles ne laiffent pas la faculté de voir fi l'effervefcence continue.

qui

qui eft de 78 livres de mêlange acide (1); mais on fent qu'il vaut mieux perdre du fer que de l'acide, on y gagne d'ailleurs du temps en multipliant les points de contact. S'il fe trouve du riblon rouillé, on le met à part lors des pefées, pour le faire décaper dans les eaux acides avant que de l'employer.

Le fond des capfules ayant été garni de bon fable quartzeux, bien fec, on y place les bouteilles; on acheve de remplir les capfules avec le même fable, & on verfe dans chaque bouteille 78 livres de mêlange acide, par le moyen d'un entonnoir de fer blanc à double douelle, pour ne pas s'expofer à les voir brifer par la compreffion de l'air.

Ce mêlange formé de 1 partie d'acide & de 3 parties d'eau, ne doit pas être employé chaud dans les bouteilles, c'eft pourquoi il eft néceffaire de le préparer quelques heures auparavant. On évite l'embarras de le dofer par les poids, en fe fervant du pefe-liqueur des fels de M. Baumé; la liqueur eft à fon point lorfqu'elle donne 21 degrés à chaud &

____

(1) S'il fe trouvoit des bouteilles beaucoup plus petites, il faudroit les rebuter; ou, fi on n'avoit pas à choifir, diminuer la quantité d'acide, car il eft effentiel qu'il refte un quart de vuide.

G

23 degrés à froid, cette méthode eſt même plus ſûre, parce que tous les acides du commerce ne ſont pas exactement au même degré de concentration.

Lorſque l'on a verſé l'acide, il convient de laiſſer un moment raréfier l'air intérieur, après cela on place le bouchon de liege, on y enfonce le ſiphon de fer blanc, & on lutte ſur le champ avec le lut gras recouvert d'une veſſie bien ficelée.

Il eſt très-important d'eſſayer d'avance ſi les tuyaux & ſiphons ne perdent pas par les ſoudures, il ne ſuffit pas qu'ils tiennent l'eau, on riſqueroit, malgré cette épreuve, de perdre encore une grande quantité de gas ; nous n'avons rien trouvé de mieux que de forcer de vent ces tuyaux avec le ſoufflet de Tonnelier, après y avoir paſſé de l'eau ; la plus petite ouverture, le plus léger défaut, deviennent ſenſibles par la bulle qui ſe forme à la ſurface.

Avant que d'engager le bout du ſiphon ſous le récipient, on laiſſe, comme à l'ordinaire, ſortir la plus grande partie de l'air commun renfermé dans les vaiſſeaux ; mais ce qui mérite une attention particuliere, c'eſt que les bouts de ces ſiphons ſoient placés ſur le fond même de la cuve, de maniere qu'ils ſoient à

6 pouces de la furface de l'eau, lors même que le récipient eft plein de gas, ainfi qu'on le voit en I, I, *fig. 9.* Par ce moyen on arrête la plus grande partie des vapeurs aqueufes, & même acides, qui auroient bientôt détruit la matiere de l'enveloppe; nous difons la plus grande partie, car, malgré toutes les précautions, il s'en éleve toujours une portion qui fe condenfe dans le Ballon, & dont il faut déterminer promptement l'écoulement, dès qu'on s'en apperçoit.

La maniere de conduire le feu eft ici un point effentiel, il n'y en a pas befoin dans le commencement, & il ne fert fur la fin qu'à empêcher la cryftallifation qui arrêteroit la diffolution en recouvrant le métal. D'après cela on fent qu'il n'en faut que très-peu & très-tard. En fuivant cette méthode, on ne rifquera pas de voir caffer des bouteilles.

Lorfqu'une bouteille ne donne plus rien, ou que l'on juge à propos de facrifier ce qu'elle pourroit encore fournir pour accélérer l'opération, on lui en fubftitue une autre fur le même fourneau, en changeant la capfule ou feulement en changeant le fable; mais avant de déplacer la premiere, il faut en tirer la liqueur qui fe cryftalliferoit très-promptement par le refroidiffement, & cette opéra-

tion n'eft pas fans difficulté à caufe de la fra-
gilité de ces vaiffeaux qui s'écraferoient in-
failliblement fous la charge ; on en vient à
bout fans aucun rifque par le moyen d'un
fiphon ordinaire de fer blanc, dont la branche
extérieure porte une petite pompe à main qui
communique à fon extrêmité, & dont la capacité eft égale à celle des trois branches du
fiphon. Ayant introduit l'une de ces branches
dans la bouteille, on bouche l'autre avec le
doigt, & en élevant le pifton, la liqueur
monte fans qu'il foit befoin d'afpirer.

Quatre appareils ainfi montés donnent en
cinq ou fix heures 2580 pieds cubes de gas
inflammable.

Appareil fans feu.

Comme la célérité de l'opération devient
ici un objet de la plus grande importance à
caufe de la déperdition continue du gas à
travers les meilleures enveloppes, & qu'il eft
fouvent difficile de raffembler un affez grand
nombre de bouteilles pour multiplier en conféquence les appareils, on peut employer en
même temps des tonneaux qui pouvant être
chargés d'une plus grande quantité de mêlange, compenfént par la rapidité des produits une partie de la valeur de l'acide qui

reſte en pure perte dans les diſſolutions à froid. C'eſt le parti que nous avons pris , & voici la méthode que nous avons ſuivie.

Les plus grands vaiſſeaux ſont les plus avantageux, en ce qu'ils évitent des rechargemens qui ralentiſſent le travail, mais l'eſſentiel eſt qu'ils ſoient bien conditionnés. Les tonneaux qui ont ſervi, valent beaucoup mieux que les neufs dont le bois n'a pas été reſſerré & cõe refoulé dans les jointures par l'action lente de l'humidité , & qui laiſſent paſſer le gas dès qu'ils commencent à s'échauffer. Nous avons préféré les barriques dans leſquelles on envoie les eaux-de-vie.

Ces barriques ont été diſpoſées autour d'une cuve , au nombre de dix , comme nous l'avons dit pour les bouteilles. On voit, *fig. 11* , la coupe de l'un de ces appareils.

Nous avions jugé qu'en rempliſſant les barriques aux deux tiers , elles pouvoient tenir 318 livres de mélange acide, elles devoient donc être chargées de 52 livres de fer : pour favoriſer toujours la diſſolution en multipliant les points de contact , on y mit 57 livres de riblons ou rognures de tôle (1), que l'on fit

---

(1) Ces proportions reviennent à celles de MM. les Directeurs de la manufacture d'acides de Javel, qui nous

G iij

entrer commodément par une ouverture de 3 pouces de diametre, pratiquée au fond fupérieur.

Cette ouverture fe ferme par un bouchon de liege bien ajufté, recouvert de cire qu'on fait pénétrer avec un fer chaud, & percé dans fon milièu avec une emporte-piece pour recevoir le fiphon de fer blanc.

Le bout du fiphon formant un cône très-allongé, il fuffit de le pouffer avec force dans le bouchon, le tonneau fe trouve exactement fermé fans qu'il foit befoin de lutter.

Il eft bon que ces fiphons aient leurs coudes arrondis, comme on le voit en *a*, *fig*. 11. On conçoit qu'ils doivent être plus gros que ceux des bouteilles, & les branches des tuyaux deftinés à porter le gas dans le Ballon, en proportion de la capacité des vaiffeaux & du nombre des appareils.

Au furplus, les précautions pour la vérification des foudures, pour que les becs des fiphons foient toujours fous l'eau des cuves,

---

ont communiqué très-obligemment tout ce que l'expérience leur a appris fur la meilleure maniere de conduire cette opération. Ils emploient 100 livres d'acide concentré, 300 livres d'eau, & 75 livres de fer en lames ou riblons.

&c. &c. font abfolument les mêmes que celles que nous avons indiquées pour l'appareil au bain de fable.

Il faut bien fe garder ici de préparer d'avance le mêlange acide, puifqu'il doit être employé le plus chaud qu'il eft poffible. La chaleur entretenue par l'effervefcence, & fe confervant naturellement plus long-temps dans une grande maffe de liqueur, arrête la cryftallifation, & prolonge ainfi la diffolution ; cette circonftance eft la feule caufe de la différence que nous avons obfervée fur la quantité des produits, quand nous avons opéré en petit avec le même acide & le même fer.

Une cuve garnie de dix de ces vaiffeaux, fournit, dans l'efpace de quatre heures environ, 1700 pieds cubes de gas inflammable ; ainfi deux appareils dont on rechange une feule fois les tonneaux, fourniffent en huit heures près de 7000 pieds cubes.

Inftruction fur la maniere de dégager le gas inflammable du zinc, par l'acide vitriolique.

Une once de zinc (poids de Troy) a donné à M. Cavendifh un volume de gas inflammable égal à 365 onces d'eau pendant fa diffolution dans les acides ; & dans cette pro-

portion une livre de zinc (poids de France)
devroit donner 8505,11 pouces cubes, ou à
peu près cinq pieds cubes moins $\frac{1}{13}$.

M. Faujas a annoncé que 6 onces de zinc
ne donnoient qu'un pied cube pendant leur
diſſolution dans l'acide muriatique.

Suivant M. Bergman, 240 parties d'acide
vitriolique prennent 240 parties de zinc, &
M. Wenzel eſtime que 240 parties du plus
fort acide ne diſſolvent réellement que 206
parties de zinc. On voit que ces différences
dépendent du degré de concentration de l'a-
cide, qui ne peut manquer de varier tant
qu'elle ne ſera pas rapportée aux degrés d'un
peſe-liqueur connu.

D'après le réſultat moyen de nos expériences préliminaires, une livre de zinc exige
pour ſa diſſolution complette 1 livre 8 onces
4 gros 1 grain d'acide concentré à 66 degrés,
ou plutôt 6 livres 1 once 4 grains de mêlange à 23 degrés. Elle donne 4 pieds cubes
& 1224 pouces cubes, ou environ 4 pieds
cubes & $\frac{12}{17}$ de gas inflammable.

Cela poſé, & les tonneaux deſtinés à cette
opération étant ſuppoſés de même capacité
que ceux dont il a été ci-devant parlé pour
le fer, on y met de même 318 livres d'acide
affoibli & 57 livres de zinc; c'eſt la juſte
proportion qui ne doit pas être outre-paſſée

ici, à caufe du prix de la matiere, & parce qu'il y a moins de néceffité de multiplier les points de contact.

Le zinc peut être fimplement granulé dans l'eau fur un balai qu'on agite, & fur lequel on le verfe fondu, cette opération réuffit très-bien; mais nous avons auffi éprouvé que cette forme étoit moins favorable à la diffolution. Le zinc fera donc mis d'abord en limaille, ce qui s'exécute très-facilement dans des mortiers de fer où on le broie tout chaud avec rapidité, & que l'on a la précaution de réfroidir de temps en temps avec une éponge mouillée, ainfi que le pilon, pour que le zinc fondu ne s'y attache pas en forme de feuille d'étamage d'une feule piece. On aura plufieurs mortiers, l'opération devant fe faire affez promptement, pour que le zinc ne brûle pas dans la chaudiere. De cette maniere on réduira en moins de 4 à 5 heures un millier de zinc en pouffiere très-fine, dont on féparera encore par le tamis les morceaux qui auroient pu échapper, lefquels au furplus étant toujours brifés dans leur texture & comme craquelés, fe diffoudroient encore plus facilement que les grains.

Le métal ainfi préparé, on fe garde bien d'en garnir les tonneaux, comme nous l'avons dit pour le fer, c'eft le mêlange acide que l'on y verſe le premier lorſque l'on veut commencer la diſſolution, & on a grand ſoin qu'il ſoit entiérement refroidi.

La limaille de zinc ne doit pas même être projetée d'une ſeule fois, l'efferveſcence ſeroit trop rapide ; & la liqueur s'éleveroit en fuſée avant qu'on eût pu placer le ſiphon. Les 57 livres ſeront donc partagées en trois paquets de 19 liv. chacun, que l'on projettera à peu près d'heure en heure, en tenant le tonneau débouché le moins de temps poſſible.

Au ſurplus la manipulation eſt la même que celle qui a été décrite pour le fer.

Chaque tonneau ainſi chargé fournit 268 pieds cubes & 648 pouces cubes, ou environ 268 pieds cubes $\frac{1}{3}$ en moins de 4 heures.

Un appareil de dix tonneaux donnera donc en un ſeul chargement 2685 pieds cubes.

On aura l'attention de ne pas mêler les réſidus de ces diſſolutions avec ceux des opérations par le fer, & même de ne pas porter de fer avec le zinc, le ſel qui ſe forme, & qu'on nomme couperoſe blanche, étant d'un prix bien différent dans le commerce, il mérite à plus forte raiſon d'être recueilli dans toute ſa pureté ; & pour n'en rien perdre, on peut faire évaporer ſur le feu la liqueur reſtante, qui fournira encore en quantité du vitriol blanc.

TROISIEME PARTIE.

DES moyens de diriger les machines aéroftatiques.

A peine l'expérience d'Annonay eut-elle prouvé que l'on pouvoit élever & foutenir en l'air des machines capables de porter des hommes, que fans s'arrêter à des objets d'utilité affez nombreux & plus prochains, tout le monde parut s'occuper uniquement de la queftion de favoir fi on parviendroit à les diriger. Plufieurs en conçurent l'efpérance ; l'ambition de frapper le premier au but, fit entrer dans la lice tous ceux qui crurent faifir quelques rapports de l'art maritime, du vol des oifeaux, de la natation des poiffons, &c. On vit éclorre une foule de projets, la plupart fondés fur de fimples apperçus, même fans eftime approchée des forces motrices, des réfiftances, ni des poids des machines ; d'autres cependant prononçoient hardiment que cette entreprife excédoit les forces humaines ; ces derniers ont regretté fans doute d'avoir porté un jugement auffi prématuré, lorfqu'ils ont entendu l'Académie royale des

Sciences répéter avec ſes Commiſſaires, que tout ſembloit en annoncer la poſſibilité (1).

Le 11 décembre, je préſentai à l'Académie quelques réflexions ſur les moyens qui me paroiſſoient les plus convenables pour tenter la réſolution de ce grand problême, avec des plans qui furent paraphés à la même ſéance. Je me trouve engagé à rappeller ici les principes de cet eſſai, puiſque les moyens propoſés ſont préciſément ceux qui ont été exécutés. Pour n'avoir pas à revenir ſur les mêmes objets, j'y réunirai tout de ſuite les obſervations que nous avons recueillies depuis, & qui peuvent ſervir à éclaircir cette matiere.

Eſt-il poſſible de diriger les aéroſtates ? Pour ne pas agiter cette queſtion d'une maniere vague & ſans fruit, il faut ſavoir ce que l'on doit entendre par *diriger.* N'aura-t-on véritablement trouvé la direction que quand on aura la faculté de ſe porter d'un lieu donné à un autre, en tout temps, à tout vent, & malgré les tempêtes, de revenir encore au point de départ par le même vent ou plutôt contre l'obſtacle direct qu'il oppoſeroit ? C'eſt

––––––––––––––

(1) Rapport fait à l'Académie, *&c.* le 23 décembre 1783, pag. 26.

ainſi qu'en parlent pluſieurs perſonnes qui exigent d'un art au berceau, un degré de perfection auquel des ſiécles d'expérience & de pratique ſuivie n'ont encore pu porter la navigation maritime; ou, pour mieux dire, qui fondent ſur l'impoſſibilité évidente d'atteindre ce but, une objection illimitée contre toutes les recherches de ce genre, comme s'il s'agiſſoit de la quadrature du cercle ou du mouvement perpétuel.

L'abſurdité de ce raiſonnement n'a pas beſoin d'être démontrée, on n'a pas encore été tenté d'abandonner la facilité des tranſports par mer, parce qu'on eſt forcé d'attendre des vents favorables pour ſortir des ports, parce que les tempêtes obligent aſſez ſouvent les navires de céder à la puiſſance qui les écarte de leur route, ou de chercher un aſyle en relâchant loin de leur deſtination. Il n'eſt donc pas déraiſonnable de s'occuper des moyens de ſe ſervir des machines aéroſtatiques, comme on ſe ſert des vaiſſeaux, & dans les mêmes circonſtances, c'eſt-à-dire en profitant des vents favorables, en relâchant quand ils ſeroient contraires; on aura déjà fait aſſez pour la gloire de l'invention, pour l'utilité qu'elle promet, ſi le ſuccès d'un voyage annoncé pour une deſtination fixe, n'eft réellement fubordonné qu'à ces conditions; & fi l'on y parvient une feule fois, que ne doit-on pas attendre du temps! Le génie ouvre la main pour laiffer tomber un germe, & l'induftrie mene à fa fuite mille bras occupés de générations en générations à en perfectionner les fruits.

Il ne faut pas fe diffimuler néanmoins que pour arriver à ce terme, auquel nous devons actuellement borner notre ambition, il refte encore bien des difficultés; & pour en prendre une jufte idée, fuppofons que l'on veuille faire route de Dijon à Chanceaux qui n'en eft éloigné, à vol d'oifeau, que d'environ 16000 toifes, ce Bourg étant fitué au nord-oueft de cette ville, on cherchera à profiter d'un vent de fud-eft; fuppofons encore que le vent fouffle exactement dans la ligne de ce rumb, chaque rumb de la rofe divifée en 32 airs de vent, occupe 11 degrés $\frac{1}{4}$ du cercle, ce fera donc pour un rayon de 16000 toifes un arc de 3141 toifes, dans lequel il faudra choifir le point d'arrivée; que l'on prolonge la ligne de ce rumb jufqu'à Paris, l'arc qu'il eft cenfé occuper, dont tous les points fe trouvent en effet compris dans fa divifion, fera d'à peu près 11 lieues $\frac{3}{4}$. Concluons donc qu'il n'y a point de vent qui mene précifément à un point donné à 60 lieues, pas même à huit, & que celui qui arriveroit à un lieu fixe quelconque dans un efpace de 11 degrés $\frac{1}{4}$, ou du 32e. de la rofe des vents, auroit très-certainement dirigé.

Lorfqu'on en fera venu-là, on aura droit d'efpérer fans doute de voir étendre fucceffivement cette faculté, fur-tout lorfque les vents feront foibles, peut-être auffi en augmentant l'énergie des mêmes moyens, de forte qu'on fera maître de choifir fon but dans tous les points d'un arc double ou triple. Cependant ce feroit une erreur de penfer que l'on peut remonter à un certain point contre le vent, & dériver en l'air, comme fur mer, dans le fens propre de cette expreffion, en préfentant au vent une voile orientée obliquement à la quille. Ceux qui l'ont propofé, n'ont pas fait attention que la direction que prenoit le navire dans ces circonftances, n'étoit pas due feulement à la propriété de fendre plus facilement le fluide par la proüe que par le flanc, mais encore à la réfiftance bien plus confidérable que l'eau lui oppofoit; d'où il réfultoit une force compofée de deux forces, favoir celle du milieu dans lequel le navire eft plongé en partie, & celle du vent agiffant contre fa voile; ce qui le détermine à fuivre une ligne moyenne qui fait quelquefois un angle de plus de 20 degrés avec la ligne de route ou de longueur du vaiſſeau. Il manque ici une de ces forces, puiſqu'il n'y a qu'un ſeul fluide qui reçoit de tous côtés le même mouvement; ainſi l'aéroſtate ſeroit emporté dans la ligne du vent, dans la poſition la plus favorable à la dérive, & même en ſuppoſant que l'on pût donner à ſes voiles une aſſez grande ſurface pour que l'impreſſion qu'elles recevroient du courant par la maniere de les orienter, pût changer celle qu'il porte ſur la machine entiere; ce qui eſt, comme nous le verrons bientôt, le plus grand obſtacle à la navigation aérienne.

En appréciant ces difficultés, on ne doit pas non plus perdre de vue les avantages que l'on peut ſe promettre de la faculté de ſe placer à différentes hauteurs, & qui ſont indiqués d'une maniere non équivoque par toutes les obſervations qui ont été faites juſqu'à préſent de la marche des aéroſtates.

La théorie des vents eſt un des points ſur leſquels la phyſique eſt le moins avancée; l'invention de MM. de Montgolfier nous mettant à portée de les obſerver à différentes diſtances de la terre, contribuera néceſſairement à perfectionner cette branche de l'art

météorologique;

météorologique ; mais en attendant ces nouvelles lumieres, il eſt permis de conjecturer
qu'à une certaine hauteur l'athmoſphere n'eſt
plus agitée, ni avec une égale impétuoſité,
ni dans la même direction qu'a la ſurface du
globe.

Nous ne répéterons point ce qui a été publié à ce ſujet, tout le monde ſait que les
Aéroſtates qui ſont partis du château de la
Muette, des Tuileries, du Champ de Mars,
&c., ont paru ſtationnaires à une certaine élévation, ou qu'ils ont été emportés par des
courans différens de ceux qui ſe faiſoient ſentir dans la couche inférieure. Le principe qui
en réſulte ſe trouve confirmé par nos propres
obſervations.

1°. Lorſque nous quittâmes terre le 25
Avril, il regnoit un vent d'oueſt-nord-oueſt
très-impétueux, qui nous repouſſa pluſieurs
fois en bas, malgré une force d'aſcenſion conſidérable, en nous faiſant décrire une courbe
autour d'un rayon de 140 à 150 pieds de
longueur, déterminé par l'une des cordes
que l'on s'obſtinoit à retenir. A peine fûmes-
nous à 300 pieds d'élévation, nous n'éprou-
vâmes plus de mouvement tourbillonnant ;
nous aurions pu ſans doute nous méprendre
ſur la force d'impulſion d'une maſſe de fluide
dans laquelle nous étions nous-mêmes em-

H

portés, mais ce qui eſt moins équivoque, une longue flamme ſuſpendue à la proue ne fut plus que foiblement agitée.

2°. Au plus haut point de notre aſcenſion, cette même flamme reſta plus d'un quart d'heure exactement pendante, ſans aucune agitation ſenſible ; nous marchions cependant, mais très-lentement, & plutôt en tournoyant ſur nous-mêmes que dans aucune direction. Il nous fut aiſé de nous en convaincre, en fixant ſucceſſivement quelques villages dans la ligne de l'une des quatre grandes cordes qui étoient reſtées attachées au cercle équatorial, & obſervant leur déplacement progreſſif de droite à gauche, quelquefois auſſi de gauche à droite, tandis que le fil à plomb qui nous ſervoit à eſtimer le point perpendiculaire à notre poſition, nous montroit encore les mêmes objets.

3°. Sur la fin de cette eſpèce de ſtation, nous diſtinguâmes très-bien un nuage blanc, pourtant aſſez épais, qui étant au deſſous de nous d'environ 400 toiſes, autant qu'il nous fut poſſible de le juger, s'avançoit vers nous par la droite, prenant l'Aéroſtate en travers, cacha quelques inſtans la terre à notre vue, & ſuivant toujours ſa direction, s'éloigna avec une vîteſſe, qui nous frappa d'autant plus que nous pouvions nous croire en comparaifon dans une immobilité parfaite. Il eft donc bien certain que la couche d'air que nous occupions, n'avoit pas reçu la même impulfion.

4°. Enfin, lorfque nous nous rapprochâmes de la terre en perdant de notre force d'afcenfion, notre Aéroftate fe plaça de lui-même dans la ligne du vent, & ne la quitta plus; à peine avions-nous le temps de fixer devant nous quelques villages, que nous arrivions deffus, & que nous ne pouvions les retrouver qu'en portant nos regards en arriere. En un mot, notre marche devint fi rapide, que nous croyons pouvoir l'eftimer pour la derniere demi-heure aux trois quarts de l'efpace entier que nous avons parcouru.

Eft-ce que les vents ne regneroient réellement que dans la partie inférieure de l'athmofphere, que les grands mouvemens dont nous voyons l'air agité, prendroient naiffance dans la région des nuages, & ne s'étendroient au delà que parce qu'une couche de fluide élaftique ne peut fe mouvoir fans communiquer à la couche fupérieure une partie de fon mouvement? Nous fommes bien éloignés de conclure la vérité de ce fyftême du petit nombre d'obfervations que nous venons de rapporter; nous remarquerons cependant que la plupart des hypothèfes que les Phyficiens ont propofées pour expliquer la formation des vents, & fur-tout celles qui paroiffent les plus probables, ne répugnent pas abfolument à cette opinion. En effet, dans les phénomenes qui en dépendent, on peut confidérer trois caufes différentes, ou, pour mieux dire, des caufes de trois ordres différens; car il y a grande apparence qu'elles font encore multiples dans leurs efpèces, & que c'eft de ce concours que naît la difficulté d'en concilier les effets : ce font les caufes de mouvement, les caufes de direction, & celles de perturbation ou de variation locale. Les caufes de ce dernier genre appartiennent déjà bien fûrement à la couche voifine de la terre, & ne peuvent même porter leur influence à une grande élévation; nous plaçons dans cette claffe les éruptions aériformes, les vapeurs aqueufes, les difpofitions inégales des continens à fe mettre à la même température, l'effet immédiat du déplacement des marées, la réflexion des montagnes, l'étranglement des vallées, &c. C'eft à l'action de ces caufes locales qu'eft due l'irrégularité des vents à la furface de la terre; irrégularité qui peut même devenir fenfible dans les couches fuperpofées les unes aux autres. On a obfervé, il y a long-temps, que les vents qui faifoient tourner les girouettes, étoient souvent différens des vents plus élevés qui pouffoient les nuages.

Les caufes premieres & générales du mouvement, & même de la direction des vents, ne nous font pas auffi bien connues. Defcartes fuppofoit que l'air qui enveloppoit la terre ne lui étoit pas affez adhérent pour faire fa rotation dans le même temps qu'elle autour de l'axe commun. Suivant Halley, la ceffation d'équilibre de ce fluide ne reconnoît pour caufe principale que l'action du foleil fur l'air & fur l'eau, les alternatives de raréfaction & de condenfation qu'elle produit, & les déplacemens qui en réfultent. Le célèbre d'Alembert a confidéré ce mouvement comme un véritable flux & reflux déterminé, ainfi que celui des eaux de l'océan, par la gravitation de toutes les parties de la terre vers le foleil & vers la lune. Quelques-uns admettent comme une des caufes les plus générales, l'abaiffement & la preffion des nuages fur les couches inférieures. D'autres enfin attribuent ce mouvement & fes variations à l'électricité qui regne continuellement dans l'athmofphere, & dont les principaux phénomenes, qui font en effet toujours accompagnés de vents impétueux, ne peuvent être déterminés que dans la région où le fluide eft moins homogene, & par conféquent plus près de la terre.

De toutes ces caufes, dont la plupart conf-
pirent fans doute, puifque les effets font trop
variables pour être rapportés à une feule, il
n'y a, comme l'on voit, que celle de la gravitation qui femble exiger que les parties les
plus élevées de l'air foient les premieres dé-
placées, comme étant dans une fphere d'attraction plus prochaine, & qu'ainfi le mouvement fe communique de haut en bas. Mais
il ne feroit peut-être pas impoffible de concilier encore cette hypothèfe avec nos obfervations, en confidérant l'élévation des couches fphériques de l'air au deffous de l'aftre
& dans le point diamétralement oppofé, de
même que leur abaiffement dans l'efpace in-
termédiaire, comme l'effet d'une action continue, uniforme, également répartie dans
toute une maffe homogene, & par conféquent
peu fenfible, tandis qu'à l'extrêmité de la
colonne les augmentations & diminutions alternatives de preffion, de denfité, d'expanfi-
bilité,& l'inégalité de réfiftance dans tous les
points contigus, changeroient la direction du
mouvement, & détermineroient des courans
plus ou moins rapides, comme les bas-fonds
des mers, les détroits & les finuofités des
côtes produifent des variétés dans les hauteurs des marées.

Nous ne donnerons pas plus d'étendue à

ces réflexions que nous ne nous fommes per-
mifes que dans la vue de faire fentir tout ce
que nous pouvons efpérer de lumieres pour
la théorie, de perfection dans l'art aéroftatique, des obfervations multipliées fur l'état
du ciel à une certaine élévation. Quelle facilité, quelle fécurité pour les voyageurs
aériens, fi en s'élevant à une certaine diftance
de la terre, ils étoient toujours affurés de
fortir en même temps de la région où les élémens s'entrechoquent, où fe forment les tempêtes, s'ils étoient maîtres d'arriver à un
océan où regneroit continuellement le calme
de l'équilibre, où les plus foibles moyens fuffiroient pour décider leur marche! La poffibilité de diriger feroit alors moins fubor-
donnée & plus entiere que fur mer.

*Quels font les moyens par lefquels on peut ef-
perer de diriger les machines aéroftatiques ?* Cette
feconde queftion devient plus facile à réfoudre, quand elle a été d'abord circonfcrite
dans fes juftes bornes, & qu'il ne s'agit plus
que d'affurer la direction, ou dans le calme,
ou fur des lignes qui ne faffent que des angles de 6 à 7 degrés avec la ligne du vent.

Donner à l'Aéroftate une forme qui tende
à conferver la direction qu'il a reçue, difpofer des machines dont les leviers prenant
point d'appui fur le fluide où il eft plongé,

puiſſent changer à volonté cette direction, lui imprimer un mouvement, & l'accélérer s'il en eſt beſoin : voilà, ſi je ne me trompe, la ſeule maniere de remplir le but propoſé.

La forme ſphérique eſt de toutes la plus avantageuſe pour les Ballons, par la propriété de contenir, ou, ce qui eſt la même choſe, de déplacer un plus grand volume ſous une moindre ſurface. Cette conſidération eſt ici très-puiſſante, puiſque la force d'aſcenſion n'eſt jamais que l'excès de légéreté du fluide contenu ſur le poids de l'enveloppe qui le contient : cette forme a d'ailleurs d'autres propriétés également précieuſes, en ce qu'elle préſente de tous côtés une réſiſtance égale au fluide environnant, qu'elle eſt moins ſuſceptible de compreſſion par l'action des vents, qu'elle offre plus de ſolidité pour la ſuſpenſion des machines, qu'elle ſe prête enfin plus que aucune autre à la réduction de ſes dimenſions ſans en être ſenſiblement altérée. Voilà ſans doute des avantages qu'il ſeroit très-difficile, pour ne pas dire impoſſible, de ſuppléer par d'autres moyens ; mais auſſi cette forme eſt la moins appropriée à l'objet de la direction.

Deux choſes ſont eſſentielles à cet objet ; *l'une*, que le corps deſtiné à prendre & à conſerver le mouvement dans une ligne donnée, déplace dans cette ligne le moindre volume poſſible du milieu qui lui fait obſtacle ; parce que la réſiſtance ſera d'autant plus conſidérable qu'il aura à déplacer dans le même temps un plus grand nombre de ſes parties. Or, il eſt démontré que le volume du fluide déplacé eſt en raiſon de la ſurface antérieure du corps qui ſe meut, tellement que la réſiſtance d'un triangle iſocele qui préſente ſa baſe, eſt à la réſiſtance du même triangle qui préſente ſa pointe, comme le quarré de l'un des côtés eſt au quarré de la moitié de la baſe. Le corps ſphérique qui, dans quelque poſition que ce ſoit, préſente toujours égalité de ſurface antérieure, éprouvera donc plus de réſiſtance que tout autre ſolide d'un pareil volume, ſuſceptible de préſenter moins de ſurface par l'un de ſes côtés.

La *ſeconde* condition eſt que le corps que l'on veut diriger dans un fluide, éprouve par ſa forme même plus de réſiſtance ſur les flancs ou dans la ligne perpendiculaire à ſa direction, que dans la ligne antérieure ; car il eſt évident qu'il perſévérera d'autant plus dans cette direction, qu'il s'en écartera d'autant moins que le fluide lui oppoſera plus de force pour l'y retenir. Nous venons de voir qu'un globe n'étoit pas ſuſceptible d'éprouver dans un milieu quelconque plus de réſiſtance dans un ſens que dans un autre, c'eſt donc encore fous ce point de vue le folide le moins propre à la direction.

Il eft bon de remarquer que ceci ne contredit point ce qui a été annoncé précédemment de l'impoffibilité de dériver en l'air comme fur mer, car il y a une grande différence entre les deux hypothèfes. Dans la premiere, qui eft proprement le cas de la dérive, il s'agit de remonter réellement contre le vent qui vient du côté de la proue, & fouffle obliquement fur la quille ; la réfiftance d'un fluide plus denfe & qui n'ait pas reçu la même impulfion, eft abfolument néceffaire. Dans le fecond cas, qui eft celui de notre direction, le milieu eft dans un état approchant du repos, où l'Aéroftate n'eft pouffé que par un vent de bouline faifant angle aigu avec la poupe ; l'excès de réfiftance à la partie latérale fur la réfiftance à la partie antérieure fuffira pour produire une force compofée, & déterminer l'Aéroftate à fuivre une ligne moyenne entre la ligne du vent & celle de la plus grande réfiftance, tant qu'on le maintiendra dans cette pofition.

D'après cela il m'a paru que pour concilier tous les avantages, il falloit conferver à l'enveloppe du gas, qui eft la principale partie de l'Aéroftate, la forme d'un globe, & en même temps modifier cette forme,

1°. en lui adaptant une proue fur les principes établis par Newton, & par les autres Mathématiciens qui fe font occupés, après lui, à déterminer quelle efpèce de folide devoit couvrir une bafe donnée, expofée au choc d'un fluide, pour que la réfiftance fût la moindre poffible : 2°. en augmentant la furface des flancs de la machine en proportion du volume du globe, & autant que le permettroit la force d'afcenfion fur laquelle toutes ces augmentations doivent être prifes.

Nous ferons connoître en détail, dans la quatrieme partie, les moyens que nous avons employés pour remplir ces deux objets, on peut d'avance en prendre une idée en jetant un coup d'œil fur les *fig. 1 & 2, planche II;* A repréfente la proue qui couvre la partie la plus réfiftante de l'hémifphere antérieure, & qui fe prolongeant fur les côtés y produit une augmentation de furface équivalente à 159 pieds quarrés.

Ce n'eft pas affez cependant d'avoir déterminé la forme la plus avantageufe de l'aéroftate, il faut encore, pour affurer fa direction, pouvoir lui imprimer à volonté un mouvement capable de changer fa pofition, & même de le porter en avant fur la ligne donnée.

J'ai déjà annoncé que l'on n'y parviendroit

qu'en y appliquant des forces méchaniques,
& cette proposition est évidente ; car la force
de recul de la fusée, ainsi que la force des
vapeurs sortant de l'éolipile, & tous les autres moyens de ce genre ne peuvent être
considérés, dans le cas particulier, que comme
prenant sur l'air un point d'appui plus résis-
tant à raison de leur extrême vîtesse. Or, la
vîtesse imprimée par quelque cause que ce
soit, est un élément qui entre nécessairement
dans le calcul des forces méchaniques. Ces
moyens (pour le dire en passant) ne nous
paroissent pas pouvoir être jamais d'une
grande utilité, sur-tout pour une navigation
un peu longue, non-seulement à cause de la
nécessité de les entretenir, ou de les renou-
veller d'instant en instant, de la dépense,
de l'embarras qui en résulteroient, & même
du danger de la communication du feu, mais
encore parce qu'on ne seroit jamais assuré
d'appliquer ces forces à l'extrêmité de la
ligne qui partageroit l'Aérostate dans la direction que l'on voudroit lui donner ; que
toutes les fois que l'on manqueroit ce point,
leur action ne serviroit qu'à lui imprimer un
mouvement de rotation sur lui - même, &
qu'ainsi on seroit obligé de porter l'action de
ces forces motrices en avant de la ligne que
l'on voudroit faire suivre à l'Aérostate, ce

qui compliqueroit la machine, & en rendroit l'exécution encore plus difficile.

Il ne reste donc réellement que l'application des leviers, de l'espèce de ceux qui prennent leur point d'appui sur un fluide, c'est-à-dire un gouvernail & des rames, pour leur conserver les noms sous lesquels on les a jusqu'ici désignés, en parlant de l'usage habituel qu'on en fait sur mer, dans les lacs & les rivieres.

En proposant ces moyens dans l'essai que je communiquai à l'Académie le 11 décembre, j'y avois ajouté une voile qui se trouve figurée sur le plan qui fut paraphé à la même séance; cette voile étoit portée par une vergue qui donnoit toute la facilité nécessaire pour l'orienter au vent, & la retrousser à volonté; mais je n'ai pas tardé à sentir que ce seroit pour l'Aérostate un poids inutile, qu'elle ne produiroit rien dans le calme & les vents modérés, & que dans les grands vents elle pourroit coëffer la gandole, & mettre en péril les voyageurs.

En effet, le grand obstacle à la direction des machines aérostatiques, est qu'elles sont par elles-mêmes & de leur nature déjà trop fortes de voiles, car ce mot n'exprime que une grande surface destinée à recevoir l'impulsion du vent. M. le Chevalier de Borda

(1) a fait voir que la réſiſtance d'une ſphere étoit à l'un de ſes grands cercles : : 1 : 2, 44. Un globe de 27 pieds ſeulement de diametre éprouve donc de toutes parts la réſiſtance ou l'action d'un fluide, comme s'il lui préſentoit réellement une ſurface plane de 242,87 pieds quarrés. Que l'on demande maintenant quel pourroit être l'objet pour lequel on armeroit un pareil globe de nouvelles voiles ; ſeroit-ce pour prendre le vent dans la ligne directe de ſon impulſion ? elles ſont inutiles, il en a plus qu'il ne lui en faut pour décider ſa marche, & même pour l'expoſer déjà à une agitation violente, pour peu que les vents ſoient irréguliers ou impétueux. Eſt-ce pour avoir la faculté de recevoir cette impulſion ſur un plan oblique ? mais la percuſſion qu'un corps reçoit obliquement, ſe décompoſe en deux mouvemens, dont l'un eſt parallele au plan, & dont il ne faut plus faire état ; ſi l'aîle d'un moulin à vent ſe meut étant frappée ſur un plan qui fait angle d'environ 55 degrés avec la ligne du vent, c'eſt que des deux mouvemens dans leſquels ſe décompoſe l'impulſion oblique qu'elle reçoit, il y en a

---

(1) Mémoires de l'Acad. Roy. des Sciences, ann. 1763.

un détruit par la force qui la tient folidement infixée dans l'arbre. D'ailleurs, le
globe préfentera toujours un de fes hémif-
pheres à l'action directe du vent, il faudra
par conféquent une voile du double de furface, feulement pour faire équilibre à cette
puiffance contraire; & quand on pourroit tenir & difpofer à volonté fur une auffi frêle
machine, des voiles de 7 à 800 pieds de furface, on n'auroit encore qu'une déviation de
quelques degrés fur la vraie ligne du vent.

Il n'en eft pas de même des forces méca-
niques, qui agiffant directement par des leviers dont la vîteffe n'eft pas bornée, peuvent produire plus de mouvement avec moins
de furface.

Quelques-uns ont cru pouvoir mettre en
queftion la poffibilité de diriger dans un feul
fluide, ou de prendre point d'appui pour la
direction, fur le fluide même dans lequel on
eft plongé; l'exemple des poiffons nageant
dans l'eau, des oifeaux volant dans l'air, leur
démontre journellement leur erreur. La faculté que ces animaux ont de mouvoir à volonté leurs queues, leurs nageoires, leurs aîles, qui font proprement des leviers mis en
mouvement par la force mufculaire, & prenant point d'appui fur le fluide environnant,
leur fuffit pour décider & accélérer leur mar-

che ; les moyens qu'ils emploient pour s'**y** diriger horizontalement, font abfolument indépendans de l'organifation qui les difpofe à fe mettre en équilibre avec ces fluides ; ils font même bien plus, fur-tout les oifeaux, que ce qui fera déformais néceffaire à l'homme placé dans l'Aéroftate, puifqu'ils font obligés d'appliquer une partie de ces forces à fuppléer ce qui leur manque de légéreté refpective pour s'élever fans fe mouvoir.

La navigation à force de rames & fans voiles, nous offre encore un exemple bien frappant de cette puiffance mécanique. La liberté de fortir la rame de l'eau pour éprouver moins de réfiftance en allant chercher un point d'appui plus direct, eft un avantage dont on a grande raifon de profiter, mais qui n'eft nullement effentiel ; la marche pourroit être plus lente, elle ne feroit pas moins fûre par le coup de rame, en la tournant dans l'eau ; le gouvernail placé à l'arriere, fe meut dans ce fluide fans en fortir, & ne change pas moins la ligne de direction de la proue.

La réfiftance de l'air formant le feul point d'appui, on ne peut diffimuler qu'il fera peu favorable toutes les fois que ce fluide fera pouffé par le vent dans la même direction que nos leviers devront le frapper, il fuffira cependant que ces leviers foient mus avec

plus

plus de vîteffe, pour qu'il en réfulte un choc; car, dans ce cas, l'air qui fuit & la rame qui le frappe, feront échange de leurs vîteffes. C'eft ainfi que dans une riviere qui n'eft pas trop rapide, on peut faire remonter une barque par le jeu des rames fur l'eau qui s'écoule.

Même en prenant point d'appui fur un fluide qui eft en repos ou qui fe meut dans un fens différent, il y a encore un effet inutile réfultant du mouvement que les pales impriment à ce fluide, & qui ne peut dès-lors communiquer aucune impulfion au point du navire contre lequel les pales agiffent pour le faire marcher. M. Bernoulli a trouvé par le calcul, que l'effet utile des rames étoit à leur effet entier, comme la racine quarrée de la furface de toutes les pales réduite, enforte qu'on puiffe les confidérer comme agiffant fans interruption, eft à la racine quarrée de cette même quantité, plus la racine quarrée de la furface plane, qui étant mue perpendiculairement à la longueur du navire & avec la même vîteffe, éprouve la même réfiftance que la proue. Mais il eft également certain que le point d'appui s'affermit en proportion de ce que la furface des rames augmente, tellement que s'il étoit poffible de rendre cette furface infinie, la perte du mouvement

I

feroit nulle, & le levier auffi puiffant que s'il
s'appuyoit fur un corps fixe. Il ne s'agit donc
que de donner aux rames l'amplitude néceffaire pour rendre ce point d'appui fuffifamment réfiftant.

La différence de l'air & de l'eau n'exclut
point l'application de ces principes; on peut
bien dire que le premier de ces fluides céde
& fe déplace plus facilement que le premier,
lorfqu'on ne confidere que leurs volumes ,
mais la quantité de mouvement n'eft jamais
que le produit de la maffe par la vîteffe; ainfi
le plus ou le moins de denfité du fluide ne
fait que changer le rapport des volumes qui
doivent être frappés pour produire une force
donnée , & la réfiftance que le corps en mouvement éprouve de la part de ce fluide, eft
dans la même proportion.

La forme des rames peut encore contribuer
à augmenter la folidité du point d'appui; on
démontre facilement que plus elles font convexes du côté de la preffion, plus on perd
de la force qu'elle doit produire, & on ob-
ferve au contraire que l'eau enveloppée par
une furface concave réfifte davantage, parce
qu'ayant moins de facilité de s'échapper par
les côtés, cette furface demeure plus long-
temps chargée de toute la maffe, ne pouvant

la déplacer que dans la ligne de sa révolution. Il en sera de même de l'air, & quand
il sera ainsi retenu, sa propriété élastique
tournera à l'avantage du point d'appui, au
lieu d'en diminuer la résistance. Ce moyen
d'obtenir la même force avec une moindre
amplitude de rames, devient sur-tout précieux
dans des circonstances où l'excès de poids &
de volume est également à redouter.

Pour avoir par expérience quelques données sur la force de ces leviers, j'ai suspendu
à 13 pieds de hauteur la gondole A, *planche
II, fig. 3*; & m'étant placé dedans, j'ai fait
jouer les rames B C; non - seulement je l'ai
fait tourner de gauche à droite, de droite à
gauche en achevant sa révolution, ou la ramenant à volonté dans la premiere position;
mais ayant attaché à l'arriere une corde qui
passoit sur une poulie fixée au mur, à la même
hauteur, & qui étoit chargée à l'extrêmité
d'un poids de 25 liv., l'action simultanée des
deux rames a élevé à chaque fois ce poids
de 10 à 11 pouces, & la gondole a parcouru
le même espace.

Cette impulsion donnée à la gondole, ne
se communiquant à l'équateur du globe que
par les cordes de suspension qui sont tirées
obliquement sur une longueur de vingt-six

pieds, il eſt évident qu'il ne recevra qu'une partie du mouvement, & que l'autre partie ſera détruite par la légéreté reſpective du globe, contre laquelle elle agira directement ; mais cette force peut ſuffire dans le calme, au moyen de la forme donnée à la partie antérieure du globe pour diminuer la réſiſtance du fluide ; elle devient auxiliaire à celles du gouvernail & des rames de l'équateur, lorſqu'il eſt néceſſaire de les réunir ; elle a l'avantage d'être plus dans la main des voyageurs pour en régler le jeu & en augmenter l'action preſqu'à volonté, ſans crainte d'aucun accident ; elles ne peuvent nuire à l'aſcenſion, puiſqu'on a la faculté de les arrêter dans une poſition verticale, comme on en voit une repréſentée C, *fig. 3* : dans le beſoin elles contribueroient à ralentir la chûte en les laiſſant en repos, ou dans la ſituation horizontale A ; c'en eſt aſſez pour en recommander l'uſage.

J'ai eſſayé de même de déterminer la force des leviers qui ſeroient placés ſur l'équateur du globe. A un bras horizontal de trois pieds $\frac{1}{2}$ de longueur, porté par une piece de bois perpendiculaire, mobile ſur un pivot, & au moyen d'un tourillon tournant dans un collet à la partie ſupérieure, j'ai attaché une rame de la forme repréſentée, *planche II, fig. 4,* mais dont la pale n'avoit que 314 pouces quarrés de furface plane à l'extrêmité d'un manche de 3 pieds 4 pouces. Le bras étant retenu dans une fituation perpendiculaire au mur, par une corde qui paffoit fur un poulie de renvoi, & qui portoit un baffin de balance deftiné à recevoir des poids, j'ai fait mouvoir la rame autour de fon axe A, en tirant perpendiculairement la corde B, de maniere à lui faire décrire l'arc de cercle C D ; le point de l'axe a été déplacé à chaque fois de A en E, & la corde qui le tiroit en fens contraire, n'oppofa affez de réfiftance pour arrêter l'effet de cette percuffion, que lorfqu'elle fut chargée d'un poids de fix livres.

L'arbre à pivot auquel ce bras étoit attaché, repréfentant exactement, foit la charniere, ou, ce qui eft la même chofe, l'axe autour duquel le gouvernail doit fe mouvoir G, *fig.* *1, pl. II*, & B, *fig.* 2, foit le centre du globe, aux flancs duquel les rames peuvent être attachées, comme on les voit en R, *fig. 1* ; il n'eft pas douteux que ces leviers, mis en mouvement de la même maniere quand le globe fera fufpendu par fa légéreté refpective, ne puiffent changer ou accélérer fa direction avec une force proportionnelle à leur vîteffe, & à la maffe d'air qu'ils frapperont.

Les rames attachées sur l'équateur seront
naturellement disposées à remplir un autre
objet également important, celui de faire defcendre l'Aéroftate fans que l'on foit obligé de
diminuer fon volume. Car il eft certain, comme
nous l'avons remarqué dans la premiere partie,
que l'utilité des Aéroftates fe trouveroit ref-
ferrée dans des bornes affez étroites, s'il
falloit abfolument perdre une partie du gas
qui les remplit, toutes les fois que l'on voudroit defcendre, ou même s'approcher de la
terre. Cette perte, à la vérité, ne feroit pas
très-confidérable pour les Aéroftates à enveloppe flexible, & n'auroit guere d'autre inconvénient que l'incertitude de trouver par-
tout où on feroit forcé de defcendre, les
matieres néceffaires pour la réparer : mais
nous croyons avoir prouvé, d'une part, la
néceffité de chercher une enveloppe plus fûre
& moins fujette à altérer le gas; d'autre part,
que l'on ne pouvoit fe flatter de l'obtenir
qu'en employant des matieres folides. Or,
dans ce cas ce ne feroit plus feulement la
perte d'une portion de gas facile à réparer,
le globe n'étant pas fufceptible de compreffion
par l'air extérieur, la légéreté refpective ne
pourroit être diminuée qu'en y laiffant rentrer
autant d'air commun que l'on feroit fortir de

gas inflammable, & ces deux fluides une fois mêlés, il n'y auroit plus de moyen de les féparer.

Les rames dont il eft ici queftion, abandonnées à leur poids, fe tiennent dans une ligne perpendiculaire, & ne s'en écartent que très-peu du côté de l'arriere, parce qu'elles ne préfentent à l'air qu'une furface convexe, & même fufceptible de fe réduire par la forme de leur conftruction; & dans cette pofition, elles font prêtes à frapper l'air en arriere par leur furface concave, pour porter l'Aéroftate en avant, dès que l'on tirera le cordon B, *fig. 4*, attaché à l'extrêmité du manche coudé F; mais en abaiffant fucceffivement ce manche, on peut élever la rame jufqu'à ce qu'elle forme avec le cercle équatorial, un angle d'environ 15 degrés, & fi après l'avoir mis en cette pofition, on la fait jouer avec rapidité plufieurs fois de fuite, de maniere à lui faire décrire, comme à l'ordinaire, un arc de 30 à 35 degrés; on conçoit que prenant point d'appui fur la couche d'air fupérieure, & portant cet effort fur l'axe de haut en bas, elle obligera l'Aéroftate à defcendre avec une force proportionnelle à l'excès de cette puif-fance fur celle que lui donne actuellement la légéreté refpective de fon volume. On arri-

vera facilement à ce terme en leſtant la gondole de maniere à la tenir en équilibre à la
hauteur que l'on jugera ſuffiſante ; & pour
arriver à terre, on aura la reſſource d'un
petit grappin de fer à trois crochets, attaché
à un petit cordeau de 150 ou 200 pieds de
longueur que l'on pourra jeter de la gondole
comme on jette l'ancre à la mer, qui ſera
reçu par quelqu'un, & qui dans le beſoin
pourroit s'accrocher de lui-même.

Enfin, lorſque l'on ſe trouvera dans le
calme, & que la marche ne ſera décidée que
par les rames, indépendamment de la facilité
de tourner la proue en ne les faiſant jouer
que d'un ſeul côté, on pourra s'aider encore
du gouvernail pour la direction, comme on
s'en ſert ſur les bâtimens qui portent voiles,
c'eſt-à-dire, qu'au lieu de le faire agir par
ſon impulſion à la maniere des rames, il ſuf-
fira de le maintenir dans une poſition oblique ; car alors le fluide que l'on ſuppoſe en
repos, ne pouvant ſe déplacer auſſi promptement, étant même refoulé en ſens contraire
de la marche de l'Aéroſtate, & obligé de
gliſſer le long de ſes côtés, il portera ſur ce
plan incliné un effor proportionné à la vîteſſe du ſillage. Ce ſera au ſurplus à l'expérience à faire connoître quel doit être ici

l'angle le plus avantageux pour produire l'effet que l'on defire, fans augmenter à un certain point la réfiftance qui en réfultera néceffairement, & qui méritera d'autant plus d'attention, que l'on n'aura pas ici, comme fur mer, l'impulfion d'un autre fluide en mouvement pour la vaincre.

Voilà donc des forces méchaniques qui font dans la main de l'homme, & qu'il peut très-certainement appliquer à la direction des machines Aéroftatiques ; le feul doute raifonnable qui puiffe maintenant refter, eft de favoir s'il fera libre de multiplier ces forces autant qu'il feroit néceffaire pour l'emporter fur l'impulfion directe d'un vent même modéré : mais d'abord c'eft accorder que dans le calme le voyageur devient maître de fa route ; & en effet on ne peut refufer cet aveu fans contefter les principes les plus évidens. Prenons garde, en fecond lieu, que ce doute n'affecte plus la poffibilité en général de diriger en l'air des machines quelconques qui feront en équilibre avec ce fluide, il n'eft fondé que fur l'impreffion trop puiffante que nos Aéroftates font expofés à recevoir de fon agitation naturelle, à raifon de la grandeur de leur volume, que fur la difficulté d'établir des leviers affez forts fur un bâtiment auſſi léger ; dès-lors le problême de la poſſibilité de la direction ſe trouve converti en celui-ci : *eſt - il poſſible de donner tout à la fois aux pales des Aéroſtates, la forme, l'amplitude de ſurface, la ſolidité & la vîteſſe néceſſaires, en proportion de leurs diametres, pour réſiſter au choc des vents & déterminer leur direction, ſans excéder le poids qu'ils peuvent ſupporter en conſervant une force d'aſcenſion ſuffiſante ?*

Nous diſons, *en proportion de leurs diametres ;* & l'on conçoit aiſément que la force d'aſcenſion ne pouvant être augmentée que par le volume, l'obſtacle à la direction croîtroit en raiſon de la puiſſance ; & delà vient que la réſolution du problême ſera toujours plus difficile pour les Ballons remplis d'air dilaté, que pour ceux remplis de gas inflammable ; puiſque, toutes choſes égales, la force d'aſcenſion que les premiers peuvent acquérir par l'augmentation de volume, n'eſt à la force d'aſcenſion que gagnent les ſeconds dans la même progreſſion, tout au plus que :: 2 : 5. Indépendamment de ce rapport fondé ſur la comparaiſon que nous en avons fait dans la premiere partie, nous ſommes perſuadés que dans les premiers eſſais ſur-tout, il y aura beaucoup à gagner en réduiſant ces machines aux plus petites dimenſions poſſibles, pour élever un ou deux voyageurs.

Mais quelqu'application que l'on en veuille faire, il eſt aiſé de ſentir toute la différence de la queſtion que nous venons d'écarter avec celle que nous lui ſubſtituons ; celle-ci ouvre la carriere à l'émulation, elle appelle l'induſtrie que l'autre ſembloit repouſſer.

Telle eſt l'idée que nous nous ſommes fait de la recherche des moyens de direction, dès le premier inſtant que nous nous y ſommes engagés. Nous avons bien compris que pour faire un eſſai qui ne fût pas ſans utilité, il étoit néceſſaire de donner aux moyens que nous voulions mettre en uſage, toute l'énergie dont ils étoient ſuſceptibles, afin de ne pas en compromettre les principes au jugement de la multitude qui ne ſe décide jamais que d'après l'événement ; mais il falloit éviter un autre écueil, celui de voir briſer par le plus léger zéphir, ou même par la manœuvre, un appareil trop léger pour l'étendue de ſa ſurface & la vivacité de ſes mouvemens ; il falloit enfin produire, en quelque ſorte d'un ſeul jet, toutes les parties de la machine, car ceux qui ſe ſont occupés de cette conſtruction, ſavent bien que l'exécution en eſt trop diſpendieuſe pour qu'il ſoit poſſible de varier les expériences à ſon gré, & de s'inſtruire en pratiquant.

Ce n'eſt pas ici le lieu de rendre compte des diſpoſitions méchaniques que nous avons faites d'après toutes ces combinaiſons, on en trouvera la deſcription exacte dans la quatrieme partie de ce rapport, & on pourra juger enſuite juſqu'à quel point nous avons réuſſi à vaincre les difficultés & à nous approcher du but propoſé.

QUATRIEME PARTIE.

DESCRIPTION de l'Aéroflate, expériences & obfervations.

L'AÉROSTATE eft repréfenté tout appareillé, *planche II, fig. 1*; nous allons en décrire fucceffivement toutes les parties.

Le globe BC eft le *Ballon* de taffetas verni, de 27 pieds de diametre fur la ligne verticale, & de 27 pi. 4 po. de diametre pris horizontalement ; ainfi, le grand cercle moyen de ce fphéroïde eft de .... 85,347 pieds quarrés.

Sa furface de . . . 2318,593

Et fa capacité de 10498,074 pieds cub.

Nous avons fuffifamment fait connoître dans la premiere partie, la qualité de l'enveloppe & du vernis, ainfi que la maniere dont les fufeaux ont été taillés & affemblés (1). Un pied quarré de cette étoffe, couverte de trois couches de vernis & bien feche, pefoit 7 gros 8 grains ; & d'après cette évaluation, la totalité de l'enveloppe n'auroit dû pefer que

-----

(1) Pag. 23, 24 & fuiv.

135 liv. 13 onces, même en y comprenant les doubles des coutures, la calotte de 2 pieds de diametre deſtinée à renforcer la partie ſupérieure, & une piece pareille taillée en couronne au deſſus de l'appendice : cependant elle fut trouvée le 22 Avril du poids de 183 liv. Cette augmentation n'a pu venir que de la néceſſité où nous nous ſommes trouvés de recharger à pluſieurs fois quelques endroits altérés, pour avoir été pliés avant que d'être parfaitement ſecs, ou immédiate-ment après avoir éprouvé l'ardeur du ſoleil. Nous avons fait remarquer que l'air enfermé dans ces enveloppes, acquéroit un degré de chaleur conſidérable (1), il n'eſt point de vernis qui ne ſe ramolliſſe à cette température; les parties qui viennent à ſe toucher ſe collent en refroidiſſant, & l'enduit eſt ſujet à reſter tout d'un côté lorſqu'on veut les détacher.

La *ſoupape* a été placée en D, tout près du bord de la calotte ſupérieure. Nous avions d'abord eu l'idée de la remplacer par un re-fouloir de carton bien liſſé, fait en forme

____

(1) Nous avons eu occaſion d'obſerver, depuis ce rapport, qu'un thermomeure placé à terre ſous un Ballon de taffetas verni rempli d'air commun & expoſé au ſoleil, étoit monté à 60 degrés.

de champignon percé dans le milieu pour recevoir l'appendice, & qui, s'élevant à volonté par le moyen d'une corde paffée fur une poulie de renvoi, auroit très-bien fervi à déterminer la fortie du gas inflammable, lorfque nous aurions voulu defcendre ; mais indépendamment du poids de cette machine, qui ne laiffoit pas que d'être affez confidérable, nous fîmes réflexion que la partie inférieure du globe, s'applatiffant naturellement à mefure qu'il fe vuidoit, par la preffion de l'air extérieur, il faudroit de trop grands mouvement pour forcer l'appendice à ouvrir paffage au gas ; enfin, ces mouvemens pouvoient devenir dangereux, dans le cas où il auroit été néceffaire de donner iffue au gas trop dilaté, & occafionner la rupture de l'enveloppe, en augmentant l'effort du fluide par une nouvelle preffion ; nous revînmes donc à la foupape, telle que M. Charles l'avoit pratiquée.

Cette foupape reffembloit exactement à celles que l'on emploie dans les orgues ; elle étoit compofée d'un morceau de bois vuidé dans le milieu, aminci fur les bords, & garni en dedans de peau blanche ; le clapet, en bois couvert de la même peau, fe fermoit par le moyen d'un reffort de laiton affujetti par une petite chape de métal, dont les côtés servoient en même temps de guides pour empêcher le clapet de se déranger. Au milieu de la partie supérieure de la chape, on avoit pratiqué un trou bien arrondi, & même poli, par lequel passoit le cordon, afin que, de quelque point qu'il fût tiré, cette espèce de pont lui rendît sa direction naturelle pour faire jouer le clapet.

Cette soupape fut placée entre deux morceaux de taffetas verni, assujettis sur le cadre par le vernis & par de petits clous, cousus ensemble tout autour, & ensuite sur l'enveloppe.

Le cordon passant dans l'intérieur du globe, étoit reçu en E dans un fourreau de peau blanche terminé par un cuir, & se prolongeoit jusques dans la gondole.

L'extrêmité du tuyau de l'appendice en E, étoit fermée par une piece de bois circulaire portant une autre soupape, dont le clapet s'ouvroit en dehors, & n'étoit pressé que par un ressort très-foible, à peine capable de soutenir la ficelle qui descendoit à la gondole; ce clapet avoit trois pouces de longueur sur quatre de largeur. *Cette soupape d'assurance* nous paroissoit devoir prévenir toute scissure du Ballon par dilatation spontanée, puisque le gas devoit s'écouler facilement

lement à mesure qu'il se raréfioit ; comme elle étoit située dans la partie inférieure, nous avions moins à craindre qu'elle laissât quelque passage au gas, hors du cas de dilatation, d'autant plus que le ressort de l'air extérieur auroit suffi pour la tenir exactement fermée. En conséquence nous n'avions donné à la soupape du dessus que 3 pouces $\frac{1}{2}$ de longueur sur 1 pouce $\frac{1}{4}$ de largeur, présumant qu'elle ne nous seroit guere nécessaire que lorsque nous voudrions perdre de notre légéreté.

Il est probable que ces dimensions trop étroites ont été cause en partie de la rupture de notre Ballon, lors de l'expérience du 25 Avril : à la vérité nous ne devions pas compter sur une ascension aussi rapide à 2000 toises, puisqu'elle ne fut occasionnée que par l'obstination à retenir les cordes, qui nous obligea de jeter tout notre lest ; mais la prudence consiste à prévoir tout ce qui peut arriver ; on doit donc se tenir pour averti, d'après cette observation, qu'il y a des circonstances où la soupape inférieure ne peut fournir seule un écoulement assez prompt pour empêcher le gas de porter en quelqu'autre endroit de l'enveloppe, un effort de dilatation capable de la déchirer ; & qu'ainsi il est utile d'avoir à la partie supérieure une soupape qui ait au moins le double des dimensions que nous lui avions données, & qui, à la faveur de sa poſition, puiſſe venir plus efficacement au ſecours de cet accident, en prenant d'ailleurs toutes les précautions pour qu'elle ne s'ouvre qu'à volonté, & ſe referme ſur le champ exactement.

Le *filet* FF, deſtiné à porter le cercle équatorial & tout ce dont il eſt chargé, mérite une attention particuliere, puiſque la ſûreté même des voyageurs en dépend; nous l'avions fait faire avec des treſſes ou rubans de fil tors de Rouen, de 16 lignes de largeur; les mailles portoient 20 pouces quarrés, c'eſt-à-dire d'un nœud à l'autre, toutes réunies à la partie ſupérieure par un ruban pareil, couſu ſur une piece de forte toile de deux pieds de diametre, renforcée par pluſieurs autres rubans croiſés & piqués deſſus.

Sur cette eſpèce de chapeau, on avoit encore couſu quatre autres grands rubans pareils, de 18 lignes de largeur; ſavoir, deux croiſés ſur le ſommet, & les deux autres parallelement ſur les bords oppoſés. Ces quatre rubans étoient ainſi diſpoſés, comme nous le verrons bientôt, pour ſoutenir d'un côté le gouvernail, de l'autre l'avant, & mettre la machine en équilibre. Le tout enſemble peſoit 18 livres, même en y comprenant les cordons d'attache au cercle.

Ce filet a toute la folidité que l'on peut defirer, il n'eſt pas fujet à couper le taffetas, ni à rayer le vernis, comme ceux qui font faits avec des cordes, de quelques matieres qu'elles foient tiſſues; les nœuds même prennent une forme applatie qui les rend moins dangereux (1). Enfin, nous avons reconnu que loin de tourmenter l'enveloppe en gliſſant deſſus, il la renforçoit réellement dans la partie la plus intéreſſante.

Le cercle équatorial HI étoit formé de quatre grands cercles de frêne, tels que ceux qu'on emploie à relier les cuves. L'écorce enlevée, on les avoit dreſſés fur toutes les faces, autant qu'il étoit poſſible, fans altérer le fil du bois; on avoit enſuite courbé en fens contraire les quatre bouts, en les trempant dans l'eau bouillante, pour les difpofer à s'appliquer exactement fur deux taſſeaux de bois de tilleul, qui devoient faire faillie à l'avant & à l'arriere. Ils avoient été enſuite fixés fur ces taſſeaux par une broche de fer à écrou, & cette partie redoublée par une portion de cercle pareil, collé & ficelé dans toute la longueur; les autres bouts qui fe

---

(1) Il ne feroit peut-être pas impoſſible de fupprimer encore les nœuds en formant le réfeau, comme on voit quelques hamacs de fauvages.

rencontroient à peu près en R, où devoient être posés les axes des rames, avoient été rentés solidement l'un sur l'autre ; on avoit collé en dedans & en dehors un large ruban de fil, enfin ce ruban étoit assujetti par une tresse tournée autour dans toute la longueur, & posée de même à colle forte.

Ce cercle ainsi garni, nervé dans les endroits foibles, & sur-tout dans la jonction des tasseaux, pesoit 43 livres, y compris la rainure circulaire du gouvernail K, *fig.* 2, le support de son axe de 22 pouces de longueur & son arc-boutant.

Il est très-important de choisir pour ce cercle du bois de fil & sans nœuds, & dans le cas où on n'en pourroit trouver, de recouvrir les nœuds des deux côtés avec des lames de baleine, collées & ficelées. S'il ne s'agissoit que d'assurer la suspension de la gondole, ce cercle pourroit être beaucoup plus léger, parce qu'en prenant la précaution de distribuer les cordes de maniere que le nœud coulant passe en même temps sur les attaches du filet, on ne courroit aucun risque, même dans le cas où il viendroit à casser. Mais il est exposé à deux efforts d'un genre différent, & qui exigent plus de solidité.

Le premier est celui qu'il reçoit de la charge de l'avant & du gouvernail, qui étant posés en bascule fur un de fes points, & foutenus feulement par des treffes attachées à la partie fupérieure du filet, tend à le repouffer contre le Ballon; effort qui eft encore augmenté de toute la réfiftance que l'air oppofe au déplacement du gouvernail, puifque les poulies de renvoi placées aux deux extrêmités de la rainure circulaire K, reçoivent la premiere impreffion de la force qui tend à le mouvoir. C'eft ce qui nous a déterminés, lorfque nous avons été obligés de refaire ce cercle, à augmenter fon épaiffeur jufqu'à 7 à 8 lignes dans fon milieu, & à réduire fa largeur à 17 ou 18 lignes.

Le fecond effort n'eft qu'accidentel, c'eft celui qu'il reçoit, lorfque le Ballon rempli en totalité, ou feulement en partie, & retenu par des cordes, vient à être pouffé par le vent; le point du cercle auquel la corde eft attachée du côté du vent, eft tiré obliquement de dedans en dehors, il éprouve toute la force de l'impulfion; & pour peu que le vent foit impétueux, il eft bien difficile qu'il y réfifte, s'il n'a un peu de folidité.

Nous avions fait defcendre ce cercle à 2 pieds $\frac{1}{2}$ au deffous de l'équateur, & nous avons reconnu que cette pratique étoit très-avantageufe, non-feulement parce qu'elle affure fa pofition horizontale, mais encore par

la facilité qu'elle donne d'approcher la gondole du Ballon fans craindre le frottement
des cordes de fufpenfion.

Ce que nous nommons l'*avant*, étoit conftruit fur les principes établis dans la troifieme
partie (1). Il étoit formé d'une piece de toile
mince A, tendue fur une tringle de bois perpendiculaire de 7 pieds 4 pouces de hauteur,
à 11 pieds du cercle équatorial, & tirée également par deux cordes fur les flancs de l'é-
quateur au point H ; on en voit le plan A,
fig. 3. Sur cette toile on avoit peint d'un côté
les armes de S. A. S. Mgr. le Prince de Condé,
protecteur de l'Académie, & de l'autre les
armes de la Province de Bourgogne.

Mais il falloit une charpente capable de
fupporter cette tringle ; pour la rendre à la
fois folide & légere, qui font les deux conditions indivifibles du problême, nous fimes
ufage d'un moyen fur lequel nous nous arrêterons quelques inftans, parce que l'expo-
fition de cette méchanique doit fervir à l'intelligence de toutes nos machines.

Une piece de bois qui n'eft arrêtée que
dans un feul point, plie & caffe bientôt lorfqu'on la charge à l'autre extrêmité de quel-

______

(1) Pag. 120 & 121.

que poids, ou qu'on lui fait éprouver le moindre choc; sa propre pesanteur suffit pour la faire courber dans la position horizontale, pour peu qu'elle soit longue & mince; & ce n'est qu'en augmentant l'épaisseur en proportion de l'effort qu'elle doit supporter, qu'on la rend capable de résister. On sent que cela étoit impraticable, dans le cas particulier, à cause de la pesanteur énorme qui en auroit résulté.

J'avois réussi, il y a quelques années, à assurer une poutre foible & très-chargée (1), en la faisant plier sur son fil & rapprochant les deux bouts en forme d'arc par une lame de fer boulonnée; j'imaginai que cette combinaison des forces opposées de tension d'un côté & de refoulement de l'autre, pourroit me donner la solidité que je cherchois, en conservant la légéreté, cette spéculation ne m'a pas trompé; voici un exemple de l'application que nous en avons faite.

La piece de bois A G C, *fig.* 4, fait partie de l'une des rames de l'équateur, dessinée sur une plus grande échelle pour en mieux faire sentir tous les détails; elle est de noyer

____

(1) Affiches de Bourgogne, 1776, n°. 36. Gazette du Commerce, &c. même année.

K iv

très-fain & choifi avec foin ; elle porte 13 pieds de longueur, 13 lignes de largeur, & 8 lignes feulement d'épaiffeur dans le milieu, venant à 7 à l'extrêmité C, pour rendre en cette partie la courbure plus fenfible. Cette courbure ne vient pas de la difpofition naturelle des fibres du bois, cela feroit abfolument contraire à l'objet, on l'a choifi le plus droit qu'il a été poffible, & on lui a fait décrire la courbe A G C par la tenfion de la corde H ; par ce moyen, la réfiftance que la furface entiere de la rame éprouve, lorfqu'on la fait mouvoir de C en D, & qui auroit fi facilement rompu cette tringle légere, fur laquelle le taffetas eft attaché, ne peut pas même la plier en fens contraire, & n'agit plus en effet que fur la corde, comme elle agiroit fur les fibres antérieures du bois, fi elles fe continuoient parallelement jufqu'en I; la force qui en réfulte fera donc à peu près la même, elle ne pourra être détruite qu'en rompant la corde, ou refoulant fur lui-même le bois qui la tient tendue.

Les vibrations du mouvement, ou feulement l'excès de la charge, occafionnent quelquefois des allongemens momentanés de la corde, pendant lefquels elle s'approche confidérablement de fon arc, ou le décide à fe courber dans un fens différent. Pour parer à cet

inconvenient, nous avons placé le chevalet
I qui eſt fixé par le pied ſur la piece de bois
arquée, qui porte à l'autre bout une entaille
ſur laquelle la corde eſt attachée.

Enfin, il y avoit à craindre que ces cordes
ne vinſſent à ſe relâcher ou à ſe rompre par
excès de tenſion, ſuivant la température; on
prévient ces accidens en employant de la
corde à boyau pour une moitié, & de la corde
de chanvre faite exprès de bon fil, pour l'autre
moitié; nous avons éprouvé qu'au moyen de
cette précaution, elles ſe maintenoient pluſieurs mois de ſuite ſans allongement ni ra-
courciſſement ſenſibles.

Cette méchanique une fois connue, nous
nous contenterons dans la ſuite de renvoyer
à cette explication.

Le ſupport de l'*avant*, dont nous avons interrompu la deſcription, étoit courbé de
cette maniere ſur toute ſa longueur, par le
moyen d'une corde paſſant ſur un chevalet;
il étoit ſolidement emmanché dans le taſſeau
du cercle équatorial; deux treſſes partant de
la calotte du filet, & attachées vers le chevalet, lui formoient une eſpèce d'écharpe
pour l'empêcher de baiſſer; & la tringle perpendiculaire qu'il portoit à ſon extrêmité antérieure, étoit épaulée par deux petits bras
de bois léger, aſſemblés à tenon & mortaiſe,
nervés & ficélés dans les jointures.

A la partie supérieure de cette tringle étoit fixée une petite poulie sur laquelle passoit une drisse descendant jusqu'à la gondole, & par le moyen de laquelle on pouvoit tendre ou détendre à volonté la toile L, attachée par les deux autres bouts au filet & au cercle équatorial.

A la partie inférieure de la même tringle, on avoit suspendu une longue *flamme* comme dans l'endroit le plus à portée de la vue des voyageurs, pour leur indiquer la direction des vents.

La toile employée à former l'*avant*, pesoit 3 gros 24 grains le pied quarré; la surface entiere réduite montoit à 234 pieds quarrés.

La charpente, la toile, les cordes, la poulie, & autres accessoires, pesoient ensemble 14 livres 9 onces.

Le gouvernail M, *fig. 1*, étoit formé d'une seule piece de taffetas de 9 pieds de longueur, de 7 pieds de hauteur d'un côté & de 7 pieds huit pouces de l'autre; cette piece avoit dans le milieu un fourreau pour recevoir le grand support de bois N, elle étoit tendue sur une espèce de chassis, partie en bois, partie en corde, dont il sera facile d'entendre la construction après ce que nous avons dit précédemment de la force combinée des cordes & des bois courbés.

Le fupport N eft une piece de bois de fapin de 12 pieds de longueur, d'un pouce d'épaiffeur, de 2 pouces $\frac{1}{2}$ de largeur près du manche jufqu'à l'axe O, venant à 14 lignes à l'autre bout.

A cette extrêmité eft emmanchée une tringle perpendiculaire, courbée en arc par la corde P qui paffe fur fon chevalet.

A l'autre extrêmité, c'eft-à-dire près de l'axe, eft un autre arc fendu en deux, ou plutôt formé de deux petits arcs réunis à leurs extrêmités, & dont la courbure eft en fens contraire de la précédente.

Le chevalet de ce dernier arc a deux entailles pour recevoir les deux cordes qui paffent de chaque côté du fupport; il repofe fur ce fupport, fur lequel il a la liberté de couler, n'y étant retenu que par un clou à tête plate, qui paffe dans une rainure de 4 pouces de longueur.

Maintenant fi l'on fuppofe deux cordes Q Q, d'égale longueur, attachées aux bouts de ces arcs oppofés, on conçoit qu'en éloignant ces arcs, ou, ce qui eft la même chofe, en tirant vers le manche le chevalet de l'arc double, on donnera à ces cordes le degré de tenfion que l'on jugera à propos, fans craindre de rompre les bois fur lefquels elles tirent, puifque tout l'effet fe porte fur la corde qui les tient courbés.

Une autre corde S eſt tendue de l'extrêmité ſupérieure de l'arc mobile, juſqu'à la roulette qui termine le manche; l'effet qu'elle fait pour attirer hors de la perpendiculaire le bout du grand arc T, eſt contre-balancé par la tenſion de deux autres petites cordes V qui paſſent des deux côtés du taffetas; de ſorte que le chaſſis eſt auſſi ſolide que ſi la partie inférieure de l'arc mobile pouvoit être tirée au centre avec une force égale à celle de la corde S, au lieu que ce bras de levier ne peut être contenu que par une petite corde qui le prend immédiatement ſous le manche, & qui le tire parallelement vers l'axe.

Au moyen de cette diſpoſition, on eſt diſpenſé d'arquer à l'ordinaire le grand ſupport, parce que la corde S tend à le faire lever du bout, en prenant point d'appui ſur le chevalet près de l'axe, & produit ainſi le même effet.

Toute la charpente de ce gouvernail eſt en bois de ſapin, choiſi de fil & ſans défaut, nervé dans les jointures, & couvert d'une toile appliquée avec la colle-forte.

Son axe eſt à 18 pouces du bout de ſon manche, le bois eſt garni en cet endroit d'une platine de cuivre portant un canon. La broche de fer, tournée & polie, qui entre dans ce canon, eſt arrêtée ſur un bras de bois de noyer, de 2 pouces d'épaisseur, emmanché dans le tasseau du cercle équatorial, qui est soulagé aux côtés de l'axe par une écharpe de ruban de fil, pareille à celle dont il a été fait mention dans la description de l'*avant*, & qui lui fait contre-poids. Les bouts de ces rubans font reportés à différens points du filet fur les côtés pour divifer la charge ; & pour que les deux du milieu ne rencontrent pas la corde S, lors du déplacement du manche, on les tient écartés par une petite tringle de bois.

Ce manche est terminé par une roulette très-mobile de bois de cormier, qui entre dans la rainure circulaire K, *fig.* 2.

Enfin, à chaque bout de cette coulisse font deux petites poulies posées à charniere, fur lesquelles passent les cordes XX, attachées au manche tout près de la roulette, & qui descendent jusqu'à la gondole.

La rainure circulaire, formant un arc d'environ 70 degrés, chaque révolution entiere de ce gouvernail, autour de son axe, faisoit parcourir au point le plus éloigné un arc dont la corde étoit de 10 à 11 pieds.

Il pesoit en totalité 11 livres 6 onces, & présentoit à l'air une surface de 66 pieds quarrés. On juge bien que le taffetas ne pouvoit jamais être assez tendu pour ne pas creufer alternativement du côté où on le portoit, par la réſiſtance de l'air, mais cette circonſtance étoit plutôt favorable que contraire à l'objet.

Les *rames de l'équateur* ne nous occuperont pas beaucoup après ce que nous en avons dit en les prenant pour exemple de la combinaiſon des bois courbés & des cordes tendues. On voit ces rames placées ſur l'équateur au point R, *fig. 1*, & ſur une portion du même cercle équatorial, deſſinée ſéparément, *fig. 4*. Le grand levier AGC, courbé en forme de cuiller, avoit 13 pieds de longueur depuis l'axe A ; il portoit à l'extrêmité C une traverſe de 50 pouces de longueur, ſur laquelle le taffetas étoit fixé avec de petits clous. Les deux liſieres extérieures, renforcées par un ruban, étoient tendues de l'extrêmité de cette traverſe juſqu'à 1 pied ½ ſeulement au deſſous de l'axe, afin qu'elles ne puſſent jamais frotter le Ballon, ni les cordes de la gondole. Les deux largeurs coupées de biais, étoient elles-mêmes clouées le long du grand levier, & le cordon B, attaché au bout du manche coudé F, deſcendoit juſques dans la gondole.

Chacune de ces rames reſſembloit à un triangle iſocele, dont la baſe étoit en bas ; elle préſentoit à l'air une ſurface de 24 pieds quarrés, qui fe replioit facilement lorfqu'elle étoit frappée par ce fluide du côté convexe, qui reprenoit toute fa largeur lorfque la réfiftance fe faifoit du côté concave.

Elles étoient renforcées au point de jonction du manche par deux lames de bois de fil, collées de champ & ficelées fur la renture, & par une large platine de laiton, portant canon pour recevoir l'axe.

Elles pefoient enfemble 11 livres.

La *gondole* Y, deftinée à porter deux voyageurs & leurs inftrumens, avoit 5 pieds 9 pouces de longueur, 13 pouces $\frac{1}{2}$ de largeur à la proue, 25 à la poupe, & 3 pieds $\frac{1}{2}$ de hauteur, compris une baluftrade à jour de 10 pouces; c'étoit un fimple bâti, d'un bois léger, garni au fond de lambris de fapin, couvert d'un coutil peint au lieu de panneaux, & doublé en papier. La premiere qui fut exécutée, avoit des panneaux en bois de peuplier, & quelques pouces de plus de longueur & de largeur, nous jugeâmes qu'elle nous ôteroit près de 50 livres de left, & nous nous déterminâmes à faire celle qui vient d'être décrite, & qui s'eft trouvée auffi commode & auffi folide qu'on pouvoit le defirer.

Sur les flancs de cette nacelle peinte en rouge vif, & au deffous de la baluftrade, on avoit écrit en gros caracteres, fur une efpèce de frife à fond noir, d'un côté, *Aéroftate*, de l'autre, *l'Académie de Dijon*; & fur le devant étoit repréfenté un coq les aîles étendues comme pour s'élever, avec cette infcription: *gallus nunc furgit ad æthera*; l'idée de cette allufion à la gloire que la France a acquife par cette découverte, nous a été communiquée par M. l'Abbé Picardet.

La gondole, compris la table des rames dont il va être queftion, une planche fervant de banc dans le fond, & une autre planche pofée de champ fur le devant pour tenir le left, pefoit quarante-cinq livres. Elle étoit fufpendue à vingt-fix pieds du cercle équatorial, ou quatorze pieds du Ballon, par quatorze cordeaux; favoir, deux à chaque bout contre les montans, deux de chaque côté, auffi le long des mêmes pieds corniers, & les fix autres diftribués fur la longueur. Tous ces cordeaux noués l'un à l'autre dans les endroits où ils fe croifoient fur le fond, étoient encore entretenus par deux autres cordeaux également noués avec eux, tournant autour de la gondole, l'un à la hauteur de l'appui de la baluftrade, l'autre à 1 pied plus bas; & les huit cordeaux des angles étoient fortement attachés deux à deux aux quatre pieds corniers de la baluftrade avec un ruban de fil.

Au moyen de cette difpofition des cordes,

il n'y a pas à craindre que la gondole puisse chavirer, quelqu'impulsion qu'elle reçoive, nous en avons bien fait l'épreuve lors de l'expérience du 25 Avril, où le vent poussant horizontalement le Ballon, tandis qu'il étoit retenu, nous nous trouvâmes plusieurs fois dans une situation inclinée de près de 50 degrés.

Enfin, nous nous étions ménagé l'avantage de pouvoir retendre de la gondole les cordes qui pourroient se relâcher, en plaçant à la portée de la main les boucles des cordes de l'équateur, dans lesquelles celles-ci devoient passer; de sorte qu'en tirant sur ces boucles, il étoit facile de les ramener au point de tension nécessaire pour que la charge fût également répartie. Cette précaution nous a été fort utile, puisqu'au plus haut point de notre ascension, nous avons vu trois cordes du même côté qui ne portoient plus rien, & que sans cela il eût été impossible de les remettre en activité.

La gondole portoit aussi des *rames*. Pour en faire connoître le méchanisme, on a dessiné, *fig. 3*, le plan de la gondole sur une plus grande échelle. B est la rame vue à plat ou horizontalement; C est la rame pareille dans sa position verticale.

L

Ces rames étoient formées d'une tringle de sapin D de 9 pieds ½ de longueur, dont sept & demi d'un pouce quarré d'épaisseur pour recevoir la pale BB, & 2 pieds de manche arrondis & terminés par une roulette, comme celle dont il a été fait mention dans la description du gouvernail.

La pale BB étoit composée de deux baguettes de cœur de noyer, fixées d'abord dans leur milieu sur la tringle de sapin, puis rentées à demi bois par leurs bouts en *cc*.

Pour donner plus d'assiette à ce chassis oval, on avoit d'abord collé aux côtés de la tringle, vers les deux bouts du grand axe, des goussets de bois dur sur lesquels il étoit bien ficelé.

La tringle de bois D étoit nervée & couverte d'une toile collée; mais sa solidité dépendoit principalement de la courbure donnée à cet axe, & de la corde tendue sur un chevalet qui entretenoit cette courbure, & portoit tout l'effort du fluide, lorsque la pale étoit poussée sur lui avec vîtesse, du côté concave. C'est ici la même méchanique que celle qui a été expliquée précédemment pour les rames de l'équateur (voy. *fig.* 4), & il en résulte le même avantage pour le point d'appui du levier.

Le chaffis oval étoit couvert de taffetas cloué fur l'axe D, & coufu tout autour. Chacune de ces rames préfentoit ainfi une furface dont le grand diametre étoit de 7 pieds $\frac{1}{2}$, & le petit diametre de 4 pieds, c'eft-à-dire, de 25 pieds quarrés $\frac{1}{5}$.

Le manche de l'une de ces rames qui n'avoit pu être nervé comme le refte, ayant caffé dans un effai, on le remplaça par un morceau de noyer renté en enfourchement. Elle pefoit 4 livres $\frac{1}{2}$, & celle qui n'avoit pas été rentée, un peu moins.

Si ces rames avoient été fimplement difpo-fées à fe mouvoir de l'avant à l'arriere & réci-proquement, dans la même fituation, on com-prend facilement que l'un des mouvemens auroit détruit l'effet de l'autre; que l'on n'en auroit tiré quelqu'avantage qu'en les exécu-tant avec des vîteffes très-inégales; que l'ac-tion en auroit été fenfiblement ralentie, & même qu'il eût été difficile de compter fur la précifion qu'exigeoit une femblable ma-nœuvre.

En obligeant le voyageur à tourner lui-même les pales pour les ramener, la manœu-vre devenoit encore plus pénible, la régula-rité des mouvemens plus importante, & deux mains très-exercées auroient à peine fuffi pour régler avec justesse les évolutions d'une seule.

C'est d'après ces considérations que dans le plan présenté à l'Académie le 11 Décembre, j'établis le jeu de ces rames sur des ressorts destinés à en régler les mouvemens, comme on le voit *fig. 4*.

F est une table posée horizontalement sur la proue de la gondole, arrêtée solidement sur l'appui de la balustrade, & portée en saillie sur le devant, afin de ménager l'espace sur la longueur. Cette table de bois de noyer est évidée dans toutes les parties qui n'auroient formé qu'un poids inutile.

I est l'axe de la rame droite B qui traverse son manche à 18 pouces du bout, terminé, comme nous l'avons dit, par une roulette, & cette roulette est engagée dans la coulisse de bois *g h*, formant un arc de 70 degrés. Cet axe de fer poli tournant dans un canon adapté aux platines de la rame, est porté par un genou qui se baisse ou se releve, suivant le sens dans lequel le manche est tiré.

Le manche porte près de la roulette & à peu de distance l'un de l'autre, deux pitons de fer de 3 pouces de longueur, dont l'un est parallele à l'horizon de la pale, & l'autre perpendiculaire, c'est-à-dire, qui forment entr'eux un équerre, & qui sont solidement arrêtés par leurs écrous.

A l'extrêmité du piton parallele eſt attachée une corde à boyau qui s'envide ſur le barillet *n*, dans lequel eſt renfermé un fort reſſort de pendule.

A l'anneau du piton perpendiculaire eſt attachée une autre corde pareille qui va paſſer ſur la poulie placée en *m*, qui revient dans un guide ou coulant au devant de la table près du reſſort *n*, & qui ſe termine par une poignée. La poulie eſt à charniere pour qu'elle puiſſe ſuivre les mouvemens du piton.

La rame B étant actuellement tirée par le reſſort du barillet, ſa pale ſe trouve horizontale; mais ſi on tire avec force la corde de la poulie *m*, le premier effort ſe porte ſur l'anneau du piton perpendiculaire, qui, en s'abaiſſant, tourne le manche de la rame, le genou de l'axe I ſe releve, & la pale qui ſe trouve par-là poſée de champ, frappe l'air en tournant autour de cet axe, juſqu'à ce que la roulette du manche ſoit arrivée à l'extrêmité de la couliſſe *g*. Alors le voyageur n'a qu'à rendre la main, le reſſort du barillet agit à ſon tour, il tourne le manche en abaiſſant le piton auquel il répond, le genou de l'axe ſe plie ſur le champ, & la pale eſt ramenée ſans effort, en coupant l'air, ſur le premier côté de l'angle de ſa révolution.

L iij

La rame gauche C, qui eſt repréſentée de champ, comme ſi elle étoit actuellement en jeu, étoit poſée de la même maniere, excepté que ſon axe, ſa couliſſe, ſon reſſort & ſa poulie, étoient placés ſous la table élevée à deſſein pour laiſſer un eſpace ſuffiſant entre elle & l'appui de la baluſtrade.

Dans cette poſition des rames, la même largeur ſervoit à placer les leviers oppoſés des deux manches ; le voyageur n'ayant qu'un ſeul mouvement à exécuter, pouvoit appliquer toutes ſes forces à en augmenter la vîteſſe ; il avoit enfin l'avantage d'être tourné vers la proue, de juger ainſi tout à la fois ſa route & l'effet de ſes manœuvres.

Le poids de la table qui vient d'être décrite, a été compris dans le poids de la gondole, à laquelle elle eſt naturellement fixée.

Pour ne rien omettre, nous ajouterons que le fond de la gondole étoit percé dans le milieu pour recevoir un cordeau de 150 pieds de longueur, portant un *grappin* à trois crochets, & ce cordeau paſſé dans un nœud coulant qui tournoit au deſſous de l'appui de la baluſtrade, pour qu'on eût en même temps la facilité de le jeter & de tirer ſur le fond, lorſqu'il ſeroit retenu ou accroché.

§.

Après avoir donné la defcription de notre Aéroftate, il ne nous refte plus qu'à rendre compte de l'expérience pour laquelle il avoit été conftruit. Nous fuivrons dans cette partie l'ordre chronologique qui nous fournira naturellement l'occafion d'indiquer rapidement tous les accidens qui l'ont fucceffivement retardée.

L'on avoit commencé le 28 Décembre à tailler l'étoffe pour l'enveloppe, &, malgré la rigueur de la faifon, nous nous flattions d'être prêts pour la fin de Janvier; mais les neiges continuelles ne permirent pas de dreffer la tente fous laquelle le Ballon devoit être enflé, on fut même obligé le 13 Février de le tranfporter dans le fallon de l'Académie pour l'éprouver, pour la premiere fois, par l'air commun.

Le premier projet avoit été de n'y faire entrer que du gas inflammable économique, c'eft-à-dire, retiré par la diftillation de la racine tubéreufe du *folanum*; mais à mefure que l'on avoit avancé dans l'exécution des machines à diriger, nous avions reconnu que notre Ballon n'avoit pas affez de diametre pour nous donner avec ce gas toute la légereté [dont nous avions befoin (1), & nous avions pris la réfolution de l'augmenter par une portion d'environ $\frac{1}{4}$ de gas inflammable retiré du zinc par diffolution.

Tous les approvifionnemens avoient été faits en conféquence, & on n'attendoit plus que les grandes cornues de fer fondu, dont le modele avoit été envoyé au fourneau dès les premiers jours de Janvier, & dont le tranfport n'étoit retardé que par l'impoffibilité de les voiturer dans des chemins de traverfe pendant les pluies & les neiges.

Ces cornues arriverent enfin le 22 Février, le 23 à une heure après midi on en chargea deux qui furent placées dans leurs fourneaux, & une demi-heure après, deux boîtes d'artifice annoncerent que le premier tonneau de gas venoit de paffer dans le Ballon.

On s'apperçut bientôt que ces cornues perdoient le gas de tous côtés, trois des quatre étoient percées à jour en plufieurs endroits avant d'avoir fenti le feu ; la quatrieme avoit auffi grand nombre de foufflures moins apparentes, qui ne tarderent pas à s'ouvrir, & dans toutes le tuyau latéral qui, au lieu d'être coulé en même temps fuivant l'art, avoit été

____

(1) V. ci-devant pag. 23 & 80.

fimplement rapporté, n'étoit foudé que dans quelques points. On ne fe rebuta pas, plufieurs ouvriers travaillerent avec autant de zèle que d'intelligence, & comme d'émulation à les faire durer jufqu'à la fin de l'opération, on paffa fans interruption plufieurs jours & plufieurs nuits à les revêtir de fer battu, à les lutter avec différentes compofitions, à les placer, les ôter & les remettre fucceffivement au fourneau.

Malgré tous ces efforts le Ballon fe trouvoit à peine le 28 en état de quitter terre de lui-même, on abandonna les cornues, on eut recours à l'acide vitriolique; on eut bientôt épuifé tout ce qui fe trouvoit dans la Ville, il fallut en envoyer chercher à grands frais dans les Villes voifines; pour lors on multiplia les appareils au feu, le 29 le Ballon fut tiré de deffous la tente & placé dans le jardin pour achever de le remplir; mais on ne put en venir à bout, les appareils fourniffoient confidérablement & le volume n'augmentoit pas, tout l'hémifphere inférieur reftoit vuide, on avoit peine à comprendre d'où cela pouvoit venir, ce ne fut que trois jours après que l'on découvrit deux incifions faites à l'enveloppe avec un inftrument très-tranchant, à la hauteur du cercle équatorial.

On avoit cependant profité de la force d'afcenfion que le Ballon avoit déjà pour faire quelques effais fous les yeux du public. Le 29 le Ballon fut élevé fous corde à plus de 130 pieds de hauteur, chargé du filet, de l'équateur, & d'un tuyau de fer blanc de 5 pieds de longueur, abouché à l'appendice. Il n'étoit plein qu'à moitié tout au plus, dans cette moitié il y avoit près de trois quarts de gas de diftillation, & il foutenoit cependant plus de 260 livres, & il les emportoit avec force, puifque l'on eut peine à le retenir : encore faut-il obferver qu'il y étoit entré fur la fin de l'acide méphitique, lorfque les chefs des atteliers, excédés de dégoût & de laffitude, en avoient abandonné la conduite à des manœuvres ; c'eft ce que nous jugeâmes très-bien, lorfqu'ayant retiré le 2 Mars une portion de cet air par l'appendice, nous le trouvâmes dans le rapport de pefanteur avec l'air commun : : 10 : 13 , & nous ne pûmes le faire détonner qu'après l'avoir paffé par l'eau de chaux. Il étoit bien certain que le gas acide s'étoit précipité ; car fi la maffe entiere eût été de même nature, il s'en feroit fallu plus de 160 livres que le Ballon n'eût pu fe mettre en équilibre avec l'air commun.

Le lendemain 30, on continua ces essais, le Ballon avoit passé la nuit à l'air, il étoit le matin tout couvert de givre ; cependant dès que le soleil l'eut séché, il quitta terre & se soutint comme la veille ; cette circonstance me parut favorable pour juger de l'effet du gouvernail. J'avois pris à tâche de lui donner le plus d'amplitude qu'il seroit possible, mais j'avois lieu de craindre en même temps qu'il ne pût se soutenir en l'air, que sa charpente légere ne pût résister aux mouvemens ou seulement à l'impulsion du vent sur une surface de 66 pieds, & il n'y avoit que l'expérience qui pût me rassurer à cet égard ; on plaça d'abord les bois & les toiles de l'avant, comme devant faire contre-poids ; ensuite le gouvernail fut posé sur son axe ; je pris alors, sous le Ballon, une situation correspondante à celle de l'arriere de la gondole, si elle eût pu être suspendue, & je tirai les cordons pour amener le manche à droite & à gauche, précisément comme ils devoient être tirés dans la manœuvre ; j'eus la satisfaction de voir que, malgré la résistance des quatre cordes attachées à des piquets pour retenir le Ballon, il y avoit à chaque mouvement un déplacement sensible de l'arriere, ainsi qu'il est représenté par la ligne ponctuée

fig. 2 ; que quoique le vent fût affez fort &
tombât prefque perpendiculairement fur le
gouvernail, je parvenois avec un peu d'effort
à lui faire faire fa révolution entiere contre
ce courant ; enfin, qu'il ne pouvoit plus y
avoir de doute fur fa folidité, puifqu'il étoit
refté quatre heures entieres expofé au vent,
fans pouvoir céder à fon impulfion, à caufe
des cordes, ce qui eft fans contredit la plus
défavorable de toutes les pofitions.

La continuité des pluies nous obligea de
vuider le Ballon pour le mettre plus en fûreté
qu'il n'étoit fous la tente, où il étoit trempé
par les gouttieres, tourmenté par les vents,
& fouvent en péril d'être écrafé fous les perches, qui ont été plus d'une fois brifées.

Le 13 Mars, le temps parut fe mettre au
beau, le barometre étoit à 27 pouces 7 lignes
& le vent au nord, nous crûmes que le moment étoit venu de fatisfaire l'impatience de
MM. les Soufcripteurs. On commença à neuf
heures à garnir les appareils au bain de fable, il fallut approcher des charbons allumés
des robinets pour les dégeler ; à 2 heures après
midi le Ballon avoit pris un accroiffement de
8 pieds de hauteur ; à trois heures tous les
fourneaux étoient inondés, les trois quarts
des bouteilles de verre caffées par le refroi-

diffement fubit, la tente percée, & le Ballon affaiffé fous le poids de l'eau amaffée dans fes plis.

On éleva le 14, en moins de fept heures, un angar couvert de planches fur les appareils ; mais le Ballon ne pouvoit être abrité de même, la pluie continuoit, il fallut encore le vuider pour le ferrer, & nous prîmes cette fois, fuivant le vœu général, la réfolution d'attendre un temps moins variable ; on jugea que nous avions affez lutté contre les élémens, & qu'il étoit jufte de mettre un terme aux facrifices multipliés & confidérables qu'ils nous avoient occafionnés.

Dans les premiers jours d'Avril le Ballon fut enflé d'air commun, pour reconnoître & réparer le dommage qu'il avoit fouffert, ce qui donna lieu à l'obfervation intéreffante de l'accumulation de la chaleur dans les enveloppes vernies, dont il a été parlé dans la premiere partie (1).

Le 24 Avril le vent changea, le barometre qui s'étoit tenu affez haut depuis le 18, quoiqu'il y eût eu peu de jours fans pluie, nous infpira plus de confiance ; il fut décidé à fix

______

(1) Voy. pag. 30 & 31.

heures du foir que l'on commenceroit le travail pour remplir, & à neuf prefque tous les appareils au bain de fable étoient en train.

Nous n'avions pas prévu que le dégagement du gas dût être fi prompt, on n'avoit arrêté le cercle que par quatre cordeaux jufqu'à ce que l'on pût retourner le Ballon, & on avoit remis au lendemain à arranger définitivement le filet : vers les deux heures du matin, le cercle équatorial fut rompu, ainfi qu'un des cordeaux, par la force d'afcenfion du Ballon. On travailla à réparer le cercle, à ramener la foupape au centre du filet, on différa de charger les appareils au zinc ; &, malgré cela, le Ballon fe trouva tellement plein vers les dix heures, qu'il fallut interrompre la communication, & laiffer perdre le gas que les tonneaux chargés de fer & de zinc donnoient encore abondamment. On fut même obligé d'ouvrir plufieurs fois l'appendice, fans quoi l'enveloppe auroit pu crever par la dilatation occafionnée par le foleil.

On a confommé dans cette opération 4600 livres d'acide vitriolique concentré à 66 degrés.

On avoit préparé un millier de zinc pulvérifé, il n'y en eut que 247 livres d'employé.

Suivant les calculs que nous avons donnés, dans la feconde partie, des produits des divers appareils, il falloit à peu près 4300 livres d'acide pour les 10500 pieds cubes de gas que pouvoit tenir notre Ballon. Si on retranche maintenant du produit total des 4600 livres, ce que les appareils ont continué de fournir, après que la communication a été interrompue, on verra que la perte occafionnée par quelques défauts inévitables de manipulation, ainfi que la tranfpiration par l'enveloppe pendant la durée de l'opération, fe réduifent à bien peu de chofe.

La force d'afcenfion fut exactement mefurée par le moyen d'une très-bonne romaine à cadran, donnée à l'Académie par M. le Comte de Buffon; les cordes deftinées à fufpendre la gondole, furent nouées enfemble fous le Ballon; on y paffa le crochet de la romaine, fixée à terre par le crochet oppofé tirant fur une corde tendue & attachée à deux forts piquets, elle marqua 450 livres; à quoi ajoutant fon propre poids de 79 livres qui fut foulevé avant toute compreffion des refforts, la force totale fe trouva de 529 livres.

Or, en fuivant l'évaluation que nous avons donnée du poids de l'air commun (1), le

____

(1) Pag. 53.

volume d'air déplacé étoit de 913 livres; & déduifant de cette fomme, 1°. les 529 livres de force d'afcenfion, 2°. 244 livres pour le poids de l'enveloppe, du cercle équatorial & du filet, 3°. environ 8 livres de corde (1), il refte précifément 132 livres pour le poids du gas remplaçant les 10498 pieds cubes d'air commun, d'où on tire le rapport de pefanteur fpécifique de ce gas à celle de l'air commun :: 145 : 1000.

En ne fuppofant le rapport de l'air à l'eau que comme 1 à 855, & n'eftimant en conféquence le pied cube d'air commun que 754, 526 grains, le poids total de cet air déplacé n'iroit pas tout-à-fait à 860 livres; or, déduction faite du poids des autres matieres enlevées, il ne refteroit que 79 liv. pour celui du gas inflammable. Cette évaluation, qui le fuppoferoit près de onze fois plus léger que l'air commun, nous paroît d'autant moins pouvoir être adoptée, qu'il étoit prefque en entier tiré du fer, & qu'il n'avoit pas éprouvé une chaleur capable de le raréfier auffi confidérablement.

---

(1) Les cordes ayant 8 à 9 lignes de tour, peuvent fans erreur fenfible être comptées à raifon de 2 gros par pied.

Il n'y avoit plus qu'à équiper l'Aéroftate, ce travail fut encore retardé par quelques accidens; le bras qui portoit l'axe du gouvernail, étant adhérent au cercle, on avoit été obligé de le laiffer pendant deux mois fous la tente, il s'étoit tourmenté par l'humidité, l'axe ne fe trouvoit plus au centre de l'arc creufé pour recevoir le manche, & le vent le fit échapper plufieurs fois de la rainure; on y rapporta une fauffe joue, le temps ne permettoit pas d'en fubftituer une autre.

Enfin, vers les quatre heures & demie, nous entrâmes, M. l'Abbé Bertrand & moi, dans la gondole, & nous fimes bientôt le fignal de filer les quatre grandes cordes attachées au cercle équatorial, auxquelles nous avions donné 130 pieds de longueur, pour fervir, s'il en étoit befoin, à nous éloigner des bâtimens.

La fuite de l'expérience eft déjà connue de l'Académie par le procès-verbal que nous avons rédigé à Magny, & que nous avons été obligés de livrer à l'impreffion le jour même de notre arrivée, pour fatisfaire l'empreffement flatteur de nos compatriotes. Nous dépofons l'original pour être joint à ce rapport; nous avons fuppléé par des notes, les faits

dont nous ne pouvions être pleinement inf-
truits lors de fa rédaction, & quelques ex-
plications qui nous ont paru néceſſaires.

Fait à l'Académie, à Dijon, le 29 Avril
1784. *Signé*, DE MORVEAU, CHAUSSIER &
BERTRAND, Commiſſaires.

PROCÈS-VERBAL

DE

L'EXPÉRIENCE AÉROSTATIQUE

DU 25 AVRIL.

Nous foussignés Commissaires pour monter l'Aéroflate *l'Académie de Dijon*, avons rédigé, comme il suit, un premier procès-verbal succinct, avant de quitter le lieu de notre arrivée.

Le vent très-fort & tourbillonnant qui s'étoit levé quelques inftans avant notre départ, & qui nous avoit déjà repouffés contre terre plufieurs fois de toute la hauteur des cordes qu'on filoit, nous ayant fait craindre qu'il ne brifât tous nos agrêts, qu'il ne nous jetât du moins fur la Ville, étant précifément au pied du plus haut de fes clochers, nous prîmes la réfolution de jeter fucceffivement affez de left pour vaincre la réfiftance qu'il nous oppofoit (1); ce qui l'épuifa en entier, & même

(1) La violence du vent avoit tellement alarmé pour nous, que l'on crioit de toutes parts de ne point lâcher

partie de nos provifions que nous eftimons devoir être de 75 à 80 livres : mais à peine eûmes-nous dépaffé la hauteur des toits de

---

les cordes ; nous avions 79 livres de left & des bouteilles remplies d'eau pour prendre de l'air, des habits, des provifions & des inftrumens, pefant enfemble plus de 30 livres. Nous jugeâmes d'abord que nous n'avions pas affez de force d'afcenfion pour vaincre la réfiftance du vent, & nous nous débarraffâmes de quelques livres de left. Nous donnâmes enfuite à plufieurs reprifes le fignal de lâcher les cordes, nous le lifions en même temps fur l'inftruction écrite, pour que l'on ne pût douter de notre intention ; M. le P. de Virly le répétoit à terre, ayant auffi le papier à la main ; mais le vœu géneral étoit qu'on ne les abandonnât pas, & il prévalut. Voyant que nous étions toujours ramenés contre terre, fouvent dans une fituation très-oblique, nous continuâmes de nous alléger, & la force d'afcenfion devint telle, que l'un de ceux qui s'obftinoient à retenir les cordes, & qui pefoit 160 livres, fut enlevé de trois pieds de terre, & retomba fur fon épaule ; il a avoué depuis qu'il avoit eu le projet d'attacher la corde à fon poignet ; on conçoit tout le danger qu'il auroit couru, & auquel il nous auroit nous-mêmes expofés. La derniere corde ne nous fut rendue qu'à 4 heures 58 minutes ; les ficelles par lefquelles nous devions ramener à nous ces cordes pour les couper, avoient été forcées, ce qui nous chargea de près de 8 livres, dont nous ne pouvions plus nous défaire.

Au moment où nous avions quitté terre, on avoit obfervé le barometre à 27 pouces 6 lignes, le thermo-metre à 11 degrés au deffus de zero, & le vent étoit à l'oueft.

l'Eglife, notre afcenfion fut fi rapide, que nous ne vimes plus fon clocher qu'en plongeant & fort au deffous de nous.

La forme de notre Ballon nous annonçant alors une très-forte dilatation occafionnée à la fois par la chaleur du foleil & la diminution de denfité de l'air environnant, nous avons fait jouer nos deux foupapes; mais elles n'ont pas fuffi à écouler le fluide, & le Ballon s'eft ouvert de la longueur de 7 à 8 pouces dans la partie inférieure, tout près de l'appendice, ce qui nous a plutôt raffurés qu'effrayés.

Nous nous fommes trouvés dans un calme prefque plat, au point de nous regarder comme ftationnaires; cependant nous nous apperçûmes bientôt que nous étions déjà loin de la Ville.

A cinq heures cinq minutes nous paffâmes fur un Village que nous ne connûmes pas, où nous laiffâmes tomber un billet attaché à une pelotte remplie de fon, portant banderole, lequel annonçoit que nous nous trouvions très-bien, que le barometre étoit à 20 pouces 9 lignes, le thermometre à 1 degré $\frac{1}{2}$ au deffous de zero, l'hygrometre à 59 degrés de l'échelle de M. Retz, & 24 $\frac{1}{2}$ de l'échelle de M. Copineau.

Nous avons laiffé tomber deux autres billets (1), mais écrits au crayon, le froid ne nous permettant plus de tenir la plume : à 5 heures 11 minutes, il étoit à 3 degrés au deſſous de zero, c'eſt-à-dire, qu'il étoit deſcendu de 14 degrés $\frac{1}{2}$ depuis notre départ(2).

---

(1) Un de ces billets a été trouvé quelques jours après attaché à ſa pelotte, dans un bois appellé le Varin, entre Ceſſey & Breſſey ; la pluie avoit détrempé le papier & rendu l'écriture illiſible.

(2) Cette augmentation de froid annonce que nous nous étions encore fort élevés depuis la derniere obſervation du barometre, en effet nous le vîmes à 18 pouces 10 lignes, & nous en fimes ſur le champ la note ; mais nous étant apperçus qu'il étoit ſorti un peu de mercure du tube inférieur, nous ne voulûmes pas en faire mention avant que d'avoir vérifié ſi cet accident pouvoit influer ſur la juſteſſe de l'obſervation. Ce barometre avoit été conſtruit par le ſieur Goubert, ſur les principes de M. de Luc, excepté qu'il avoit ſubſtitué au robinet un piſton gliſſant dans un bouchon de liége, enfoncé dans une tubulure adaptée à la branche inférieure au deſſus de la courbure : ce globule de mercure s'étoit échappé parce que le bouchon s'étoit un peu ſoulevé. Nous avons vérifié que cela ne changeoit rien à la ſomme des hauteurs des deux colonnes.

On ſait que l'eſtimation des hauteurs par la colonne du mercure dans le barometre n'eſt pas une meſure bien exacte, ſur-tout au delà d'un certain eſpace ; il s'en faut même beaucoup que les Phyſiciens ſoient d'accord ſur la maniere d'en conclure l'approximation la plus ſûre : cependant nous croyons qu'il ne ſera pas inutile de

Nous obfervâmes la chûte d'un de ces billets à la montre à fecondes ; il fut fans doute foutenu par le ruban flottant ; car quoiqu'il tombât affez perpendiculairement, nous comptâmes 57 fecondes avant qu'il touchât terre (1).

Le froid vif nous faifit les oreilles, & c'eft la feule incommodité que nous ayons éprouvée, & dont nous avons été bien dédommagés par ce fentiment que M. Charles a fi bien peint. Nous n'avons qu'un trait à ajouter à fon tableau, c'eft qu'il nous a paru plutôt affoibli qu'exagéré, lorfque nous avons vu

---

donner ici notre plus grande afcenfion calculée d'après les deux méthodes les plus généralement adoptées.

En comptant, avec MM. Caffini & Maraldi, dix toifes pour chaque ligne d'abaiffement au bord de la mer, avec la progreffion d'un pied par ligne, on trouvera que notre Aéroftate s'eft élevé à 2106 toifes au deffus du niveau de la mer, & 2002 toifes au deffus du fol de Dijon.

Suivant la regle de M. de Luc, cet abaiffement du mercure indique feulement une élévation de 1644 toifes, & il en faut retrancher neuf pour la correction de l'effet de la chaleur.

(1) Il eft poffible que nous l'ayons perdu de vue avant qu'il ait réellement touché terre ; cela devient affez indifférent, puifqu'il n'eft pas queftion d'appliquer ici la regle de la chûte des graves qui donneroit déjà 48735 pieds pour les 57 fecondes.

une mer de nuages couler fous nous , &
nous ifoler de la terre ; nous répétâmes alors
de concert la devife emblêmatique de notre
Aéroftate : *Surgit nunc gallus ad æthera.*

Le foleil commençant à baiffer , après nous
avoir donné le fpeâacle d'un fuperbe paré-
lie (1), nous nous apperçûmes que la partie
inférieure de notre Ballon s'applatiffoit , qu'il
étoit temps de choifir le lieu de defcente :
nous jugeâmes par la bouffole , que nous
n'étions pas loin de la Ville d'Auxonne , &
nous crûmes la reconnoître à fa maffe , à environ 25 degrés fur notre droite ; nous ne
nous trompions pas. Nous prîmes la réfolution de faire ufage de toutes nos manœuvres
pour diriger vers ce point ; elles avoient été
fort endommagées par le coup de vent que
nous avions éprouvé à notre départ. Le gouvernail étoit déboîté , une des rames avoit
été caffée à l'axe de fon manche , & s'étoit

---

(1) A fix heures le foleil étant à la hauteur de 10°.
au deffus de l'horizon, un fecond foleil vint fe placer
tout-à-coup à 6°. à peu près du premier, & fembloit
lui difputer le droit de nous éclairer ; il étoit compofé
de plufieurs cercles concentriques , difpofés fur un fond
d'une blancheur éblouiffante , & les circonférences de
ces cercles étoient nuancées de plufieurs couleurs foibles
comme un arc-en-ciel qui s'efface.

détachée au premier moment où nous en voulûmes faire ufage pour nous éloigner de Dijon (1). La rame de l'équateur, du même côté, s'étoit engagée dans une des quatre grandes cordes filées lors du départ, & que nous n'avions pu ramener à nous pour les couper. Il ne nous reftoit donc que les deux autres rames, qui, fe trouvant du même côté, nous ont été abfolument inutiles pendant la plus grande partie de notre marche, dans le calme, & même lorfque nous étions portés en tournant, fans courant fenfible ; mais étant tombés dans un courant qui nous jetoit fur l'*eft*, nous fîmes jouer ces rames avec beaucoup de facilité, fans aucun inconvénient, pendant 8 à 9 minutes, & elles nous faifoient tellement virer au *fud-eft*, point de notre def-

(1) Elle eft tombée au deffus de l'enclos des Argentieres, vers Mirande. Plufieurs perfonnes nous ont affuré qu'ils avoient cru d'abord que c'étoit un billet que nous jetions. On a obfervé qu'elle avoit mis un temps confidérable à arriver jufqu'à terre ; le vent l'éloigna fans doute un peu de la perpendiculaire, mais cela n'empêche pas que le point de fa chûte ne ferve à déterminer notre marche. La hauteur à laquelle nous étions, faifoit tellement illufion, que l'on a cru à Talant que nous étions directement fur fon clocher, & ainfi de grand nombre d'autres Villages dont nous n'avons pas même approché d'une lieue.

tination, que nous fentions déjà la néceſſité de ménager cette force pour dériver quand il en feroit temps, fur-tout n'ayant rien pour nous rappeller à l'*eſt*.

Nous eſpérions donc pouvoir defcendre près de cette maſſe que nous jugions *Auxonne*, mais nous perdions beaucoup par l'ouverture de notre Ballon : nous entrions alors dans un grand eſpace couvert de bois ; nous nous fentions defcendre ; nous gardâmes le peu de leſt qui nous reſtoit, & qui n'étoit guere que les planches mobiles qui nous fervoient de banc pour ralentir la chûte, s'il en étoit befoin ; nous n'en jetâmes qu'une feule ; nous defcendîmes très-doucement fur un taillis, que nous avons appris depuis s'appeller *le Chaignet*, appartenant à Made. la Comteſſe Ferdinande de Brun, territoire de la Marche. A peine notre gondole toucha-t-elle l'extrêmité des branches, qu'elle fe releva avec force ; nous faifimes ces branches pour nous ancrer (1), pour n'être pas jetés fur quelques arbres qui fe trouvoient de diſtance en diſtance. Nous

____

(1) Nous penſâmes bien à faire uſage du grappin, mais il étoit reſté à la main de celui qui le tenoit au moment de notre départ ; le cordeau n'avoit pas été deſtiné à réſiſter à une force d'afcenſion auſſi confidérable que celle que nous fûmes obligés de nous donner,

effayâmes de defcendre en tirant les tiges de ce taillis, comme on marche fur mer à la toue, il ne nous fut pas pas poffible. Nous entendîmes du monde ; nous appellâmes pour nous aider à arriver à terre ; c'étoient des Habitans de Magny-lès-Auxonne : l'un d'eux nous répondit qu'il viendroit volontiers, *fi nous voulions ne lui point faire de mal*; nous le raffurâmes. Son exemple & nos invitations déciderent enfin fes camarades, & nous touchâmes terre à fix heures 25 minutes. Dans le nombre des Habitans qui s'y rendirent, on a remarqué deux hommes & trois femmes qui fe mirent à genoux devant notre Ballon.

A peine eûmes-nous attaché notre Aéroftate, laiffé quelqu'un à fa garde, & expédié un courier pour donner à Dijon de nos nouvelles, nous trouvâmes fur la route de Magny plufieurs perfonnes qui, nous ayant vu d'Auxonne, venoient à notre rencontre, & qui ont bien voulu figner avec nous ce procès-verbal rédigé à la Cure d'Athé, Village voifin de Magny, le 25 Avril 1784. *Signé*, DE MORVEAU & BERTRAND, Commiffaires.

Signé enfuite BIDAL, *Curé d'Athé*; BUVÉE, *Lieutenant civil & criminel au Bailliage d'Auxone*; Le Chevalier DE SUREMAIN, *Officier d'Artillerie*; DENEUX, *Officier d'Artillerie*; ROUSSOT, *Avocat au Parlement ;* DE BELGRAND, *Maître en Chirurgie ;* RADEPONT fils, *Orfevre ;* CORNU, *Entrepreneur ;* LAGRANGE, BELLIDENT, TERRIER, LANAUD, RUDE, BOUROTTE, ROUSSEL, FRANTIN, DEMARTINECOURT, & MATHEY.

SECONDE
EXPÉRIENCE

AVEC LE MÉME AÉROSTATE.

ON verra dans le procès-verbal de cette feconde expérience, quel en étoit principalement l'objet ; je ne puis le rappeller fans témoigner ma reconnoiffance à MM. les amateurs, qui ont ouvert, de leur propre mouvement, la feconde foufcription, dans l'idée avantageufe qu'ils avoient prife de mes moyens de direction, & pour me fournir l'occafion d'en faire un effai plus complet. Ce procès-verbal rédigé, j'ofe le dire, dans cet efprit qui convient à des Académiciens, & qui leur impofe l'obligation d'apporter plus de fcrupule à vérifier ce qui les flatte, que le charlatan ne met d'adreffe à diffimuler ce qui le contrarie, me paroît donner, par le fait, autant que le comporte un premier & unique effai, la folution du problême de la poffibilité de la direction, pourvû qu'on la circonfcrive dans les bornes que j'avois d'avance propofées d'après la théorie (1).

Je décrirai en peu de mots, les change-mens & additions qui nous avoient paru né-ceffaires.

On avoit été obligé de refaire le cercle équatorial pour la troifieme fois, après l'ac-cident du 30 Mai, & il fut encore renforcé au point qu'il fe trouva du poids de cinquante livres : à la vérité la rainure circulaire du manche du gouvernail, qui fait partie de ce cercle, avoit été auffi refaite à neuf, & augmentée dans fes dimenfions pour lui donner plus de folidité.

On avoit pofé une nouvelle foupape à la partie fupérieure du Ballon, & on lui avoit donné 2 pouces de largeur & 4 pouces $\frac{1}{2}$ de longueur, d'après l'obfervation rapportée ci-devant, pag. 145.

Le manche de la rame qui avoit été caffé lors de la premiere expérience, avoit été fimplement renté en bois de noyer.

On avoit cru pouvoir conferver pour ces rames les premieres poulies à chape & roue de cuivre : j'ai bien regretté de n'avoir pas fait faire les chapes en fer, comme celles du gouvernail. La roue renflée par la chaleur, a

____

(1) Voy. ci-devant pag. 108 & fuiv.

été ferrée dans la chape, & le frottement eſt devenu très-dur ; celle du côté gauche a même refuſé abſolument de tourner, & il ne m'a pas été poſſible de lui rendre la liberté en forçant à coups de marteau une lame de couteau entre elle & le devant de la chape ; de forte que la corde à boyau qui paſſoit deſſus, s'échauffoit, & ſe feroit brûlée ſi je ne l'avois humectée de temps en temps avec de la ſalive. On conçoit que cet accident a preſque doublé la fatigue de cette manœuvre.

Cette ſeconde expérience devant ſe faire dans un temps où les nuages ſont très chargés d'électricité, il étoit prudent de ſe mettre en garde contre les exploſions ; nous ajoutâmes donc à notre machine un conducteur & un électrometre.

Le *conducteur* étoit formé d'un fil de laiton de 1 ligne de diametre & de 3 pieds de longueur, terminé d'un bout en pointe très-fine, portant de l'autre bout une treſſe de faux galon de 6 lignes de largeur, roulée en corde pour donner moins de priſe au vent, & de 110 pieds de longueur. Le fil de laiton étoit courbé vers le milieu pour porter en avant ſa pointe ſur une ligne oblique, & la courbure formoit deux anneaux un peu écartés, dans leſquels paſſoit un cordon de ſoie qui ſervoit à le ſuſpendre. Ce cordon étoit attaché par

un bout à l'extrêmité inférieure de la partie
la plus avancée de l'Aéroſtate A , *fig. 1* , *pl. II* ;
il revenoit paſſer dans une boucle de verre
poſée à même hauteur & à peu de diſtance ,
& delà à la proue de la gondole ; de ſorte qu'il
étoit éloigné de plus de vingt pieds de la
gondole en ligne horizontale , & que les voyageurs pouvoient néanmoins s'en débarraſſer à
volonté , en coupant le cordon de ſoie.

Ce conducteur étoit terminé par huit branches du même galon , fixées un peu au deſſus
de leurs extrêmités , ſur un cercle de baleine
qui entretenoit leur divergence.

L'*électrometre* étoit un vaſe de verre conique
garni à ſa baſe de feuilles d'étain , portant
dans le haut une tige de laiton terminée en
pointe , à laquelle étoient ſuſpendues dans
l'intérieur , par des fils métalliques , deux petites boules de moëlle de ſureau. Il étoit
attaché au conducteur par un cordon de ſoie ,
de maniere qu'il ne pouvoit le toucher que
par ſa baſe.

Le conducteur, l'électrometre & leurs acceſ-
ſoires, peſoient enſemble 10 onces trois gros.

Cet appareil occupant la place de la flamme
de l'avant, nous en fimes poſer une de chaque
côté ſur la même ligne , ſeulement plus rapprochées du Ballon.

Enfin , la gondole portoit *pavillon* de Bourgogne

gogne à fond blanc, chargé d'un fautoir écoté rouge.

En rendant compte des préparatifs de cette expérience, je ne dois pas omettre une obfervation importante à laquelle ils ont donné lieu.

Le 29 Mai le Ballon avoit été enflé d'air commun; nous jugeâmes à propos de le laiffer en cet état jufqu'au lendemain foir, pour laiffer fécher quelques endroits qui avoient été recouverts de vernis. Nous avions déjà remarqué que l'air enfermé dans ces enveloppes, acquéroit une chaleur confidérable; ce jour même nous avions obfervé que le thermometre y étoit monté à 39 degrés, tandis qu'il fe tenoit à 23 expofé au foleil: mais lorfque M. de Virly avoit imaginé qu'un Ballon plein *d'air commun*, dilaté feulement par la chaleur du foleil, pourroit s'élever (1), il ne s'attendoit pas à voir réalifer fous fes yeux cette conjecture d'un maniere auffi frappante.

Le 30, il s'éleva à midi & demi un vent un peu vif qui commença à agiter le Ballon. Deux hommes laiffés à fa garde, voulurent

____

(1) Voy. ci-devant pag. 31.

le retenir par les mailles du filet, les morceaux leur resterent à la main : il s'éleva d'abord, dans la cour, au dessus de l'une des perches, de quarante-trois pieds, qui avoit été placée pour élever le filet, emportant ce filet, le cercle équatorial & des cordes, du poids de plus de 65 livres, c'est-à-dire, près de 250 livres, compris le poids de l'enveloppe.

Il étoit retenu par trois cordeaux passés sur une grosse corde tendue entre les deux perches; il en cassa deux, & emporta le piquet du troisieme; il sortit de la cour par-dessus un bâtiment situé à l'est : s'étant abaissé dans une autre cour derriere ce bâtiment, le nommé Crosnier, âgé de seize ans, pesant soixante & onze livres, saisit courageusement une des cordes pour le retenir, & la tourna autour de son poignet; il fut entraîné dans l'instant pardessus un mur de clôture de neuf pieds, & retomba de l'autre côté. Le Ballon continua sa route, passa sur la premiere allée du cours de la porte Bourbon, au grand étonnement du peuple qui accouroit pour le voir, & alla tomber à plus de 250 pas, malheureusement sur deux arbres replacés nouvellement, dont les tiges nues le creverent sur toute la longueur & en plusieurs endroits.

Ce phénomene annoncé dans les Journaux

par l'extrait d'une lettre où j'en avois fait le récit à un de mes confreres, a paru si extraordinaire, que plusieurs personnes m'ont écrit pour me demander si l'on n'avoit pas emprunté mon nom pour accréditer un fait qu'elles regardoient comme impossible. Je profite de l'occasion pour leur répéter qu'il n'y a rien que de vrai, plus de mille personnes en pourroient déposer : mais ce qui vaut encore mieux pour le physicien qu'une multitude de témoignages, ce fait s'explique aujourd'hui facilement par la chaleur que l'air acquiert dans les étoffes enduites de résine. Supposons, par exemple, ce qui approche beaucoup de la vérité, qu'il n'y ait eu dans le ballon que $\frac{27}{36}$ de l'air commun qu'il pouvoit contenir, & que la chaleur ait raréfié cet air au point de remplir la capacité totale, voilà 684 livres de matiere qui occupent un espace égal à 912 livres d'air, qui doivent par conséquent jouir dans ce fluide d'une légéreté respective de 228 livres ; mais nous avons vu (pag. 37) qu'une masse d'air, dans les mêmes circonstances, acquéroit encore une légéreté indépendante de son état de raréfaction actuelle par la chaleur, dans le rapport de 68 à 71 : la quantité totale doit donc être réduite à 655, au lieu de 684, & la lé-

géreté refpective fe trouve ainfi de 257 livres ;
peut-être même que l'air qui a fubi cette altération, eft fufceptible d'une plus grande dilatation. Je ne fais état ni du poids du jeune
homme enlevé, ni de la force néceffaire
pour rompre les cordes ; il eft évident que
ces effets momentanés font dus plutôt à l'impulfion horizontale du vent, qu'à une véritable force d'afcenfion.

PROCÈS-VERBAL

DE *l'Expérience du 12 Juin.*

L'OBJET principal de cette expérience étoit l'effai des moyens de direction, dont partie avoit été brifée au moment de l'afcenfion du 25 Avril, par la violence du vent, & avant que l'on eût lâché les cordes; c'étoit dans cette vue que plufieurs amateurs s'étoient réunis pour ouvrir une nouvelle foufcription.

Le départ avoit été fixé, pour la premiere fois, au famedi 12 Juin, & annoncé huit jours auparavant par une affiche. Le vendredi 11 on commença, vers les fept heures du foir, à charger les appareils qui ont été décrits dans le procès-verbal de la premiere expérience (*pag. 94, 100 & 105*).

Le Ballon fut rempli à quatre heures du matin, & le canon annonça que l'on étoit occupé à appareiller.

Nous montâmes dans l'Aéroftate, M. le P. de Virly & moi, à 7 heures; nous nous fimes apporter les quatre cordes attachées au cercle équatorial, qui fervoient à retenir le Ballon; nous les attachâmes aux quatre coins de la

N iij

gondole ; fix perfonnes étoient appuyées fur la gallerie pour la fixer à terre ; nous les invitâmes à s'écarter, & nous partîmes fur le champ, en nous élevant prefque perpendiculairement.

Il étoit alors fept heures fept minutes, le barometre à 27 pouces 8 lignes, le thermometre à 15 degrés un quart, l'hygrometre de M. de Sauffure à 83 degrés & demi, c'eft-à-dire 33 degrés & demi d'humidité, en les comptant du terme moyen.

Le vent affez foible, fouffloit nord-nord-oueft, &, même approchant du nord, quart nord-oueft, puifqu'au moment de l'afcenfion plufieurs perfonnes jugerent, à la vue d'une carte fur laquelle les rhumbs étoient tracés, qu'il devoit nous porter fur Bourg en Breffe. Les deux fleches du plan joint à ce procès-verbal, indiquent fa direction nord-nord-oueft (1).

Nous étions chargés de cent livres de left, trente à l'avant & foixante & dix à l'arriere de la gondole, de deux bouteilles pleines d'eau pour prendre de l'air, des provifions,

―――――――――

(1) Nous avons appris depuis que quelques girouettes de la Ville avoient été vues à la même heure dans la direction du fud-fud-eft.

des habits pour nous défendre du froid, &c.
le tout pefant environ vingt-cinq livres, non
compris les inftrumens.

L'abaiffement du mercure dans le barometre
étoit à peine fenfible, que la dilatation étoit
déjà confidérable. Nous vîmes le Ballon très-
arrondi, & une légere vapeur autour de
l'appendice nous annonçoit que le gas commençoit à s'échapper par la foupape d'affu-
rance placée à fon extrêmité (1); nous l'ai-
dâmes à s'ouvrir en tirant la ficelle qui def-
cendoit jufqu'à la gondole : le fluide en fortit
avec tant de rapidité, que nous nous déterminâmes à faire jouer la foupape fupérieure :
le gas en fortit avec un fifflement que nous
prîmes d'abord pour le bruit d'une chûte
d'eau. C'eft ainfi que nous en avons conftamment ufé, aidant d'abord la foupape du bas
pour juger de la néceffité d'ouvrir celle du
deffus, & cela afin de ménager la force d'afcenfion, & de ne pas nous expofer à voir
crever le Ballon. La dilatation par la chaleur
du foleil étoit fi forte, que la continuité de
l'écoulement du gas (2) par la foupape fu-

---

(1) Voy. ci-devant pag. 143 & 144.

(2) Il n'eft pas befoin de dire que cet écoulement

N iv

périeure, comme une fumée épaiſſe, fit juger que le Ballon s'étoit ouvert en cette partie. Nous devons à la bonté de nos ſoupapes, & à l'attention continuelle que nous y portions, d'avoir évité ce danger ; mais on verra auſſi que cette diſtraction fréquente a beaucoup nui à nos projets de direction, en donnant le temps au vent, quelque foible qu'il fût, de gagner ſur nous.

Pour faire connoître juſqu'à quel point nous avons réuſſi dans cette entrepriſe, nous n'avons pas trouvé d'autre moyen que de tracer ſur la carte (*Voy. planche III*) la ligne que nous avons ſuivie, en indiquant les villages, les bois, les chemins ſur leſquels nous avons paſſé, qu'il nous étoit facile de reconnoître, n'étant pas fort élevés, que nous nous ſommes même fait nommer quelquefois par les Habitans, & diſtinguant avec ſoin les eſpaces dans leſquels nous avons manœuvré, & ceux où nous avons été gouvernés par le vent.

Ayant ſuffiſamment fait jouer les ſoupapes pour nous tranquilliſer ſur l'effet de la dilatation, nous obſervâmes que le vent nous

____

n'étoit pas réellement continu, puiſqu'il n'avoit lieu que quand nous ouvrions la ſoupape, mais il pouvoit le paroître à quelque diſtance, les intervalles étant très-courts.

avoit porté de A , point de départ, en 1 , du côté du parc B. Le barometre n'étoit defcendu qu'à 26 po. 4 lign.; nous réfolûmes d'effayer les manœuvres à la vue de toute la Ville, & de la tourner de l'eft au nord; nous reconnûmes avec plaifir qu'elles produifoient leur effet : le gouvernail déplaçoit l'arriere , & portoit le cap du côté que nous defirions , en changeant à chaque fois la direction d'environ 3 à 4 degrés fur la bouffole, ce qui fut eftimé très-exactement par M. de Virly, fur une bouffole portant un fecond cercle divifé en heure & quart d'heure. Le déplacement fe trouva de deux divifions ou d'un quatre-vingt-feizieme.

Les rames jouant d'un feul côté, appuyoient le gouvernail, & hâtoient le déplacement; jouant enfemble , elles faifoient aller, en avant. Nous parcourûmes ainfi l'efpace de 1 à 2 , laiffant Cromoy à peu de diftance de notre gauche, le vent nous rejetant fenfiblement fur l'eft. Nous reftâmes là quelque temps ftationnaires, ouvrant de temps en temps la foupape ; & les flammes pendantes à l'avant nous ayant fait connoître que l'air étoit plus calme , nous portâmes fur Pouilly , & nous en fûmes fi peu détournés, que nous paffâmes entre le parc E & le hameau d'Epirey F. Il étoit huit heures; le mercure se soutenoit dans le barometre à 25 pouces 1 ligne.

Après avoir parcouru la ligne 2-3, nous restâmes encore quelque temps stationnaires; & quoiqu'il n'y eût aucun courant sensible, nous vîmes très-bien que nous tournions sur nous-mêmes, lorsque nous ne faisions aucun usage de nos manœuvres.

Nous nous en servîmes pour tâcher de revenir à l'ouest de Pouilly ; & tantôt plus, tantôt moins contrariés par le vent, nous suivîmes à peu près la courbe 3-4, coupant en travers le chemin de Dijon à Langres, un peu au dessus de la fourche du chemin d'Is-sur-Tille H. Lorsque ce chemin se trouva la premiere fois sous nos fils à plomb, il étoit huit heures & demie, le mercure étoit descendu à 24 pouces 8 lignes, ce qui annonçoit que nous nous élevions insensiblement, soit par le progrès de la dilatation, soit par la légéreté que nous acquérions à chaque fois que nous ouvrions nos soupapes. L'hygrometre de M. de Saussure marquoit 66 degrés.

Le ciel étoit toujours serein ; mais il s'élevoit d'une infinité de points, des vapeurs formant de petits nuages isolés, qui nous paroissoient comme des cônes irréguliers, dont la base portoit à terre, ou du moins en étoit très-voifine ; un de ces nuages , & le plus confidérable , nous mafqua quelque temps la Ville , & plufieurs perfonnes ont jugé que nous l'avions traverfé , quoiqu'il fût bien fûrement plus près d'elles que de nous.

Nous prîmes confeil pour favoir ce que nous devions entreprendre. M. de Virly auroit defiré terminer ce voyage aéroftatique par une longue route dans la ligne du vent, de maniere qu'il n'y eût plus à diriger que pour choifir le lieu de defcente dans un arc de cercle de quelques degrés ; mais le vent n'étoit pas affez fort pour nous feconder dans ce projet. Nous effayâmes de fuivre quelque temps la route de Langres ; nous manœuvrâmes en conféquence , & malgré nos efforts, le vent nous fit dériver fuivant la ligne 4-5.

Il commençoit à fe former quelques plis à la partie inférieure du Ballon, & bien-tôt nous vîmes les objets fe groffir à nos yeux ; nous defcendîmes jufqu'à environ 60 ou 70 pieds de terre , au point marqué 6 ; nous demandâmes à quelques payfans qui venoient à nous, comment fe nommoit le Village qui étoit à notre droite K , ils nous répondirent que c'étoit Ruffey : ils s'apprê-toient à empoigner nos cordes pour nous faire arriver ; mais nous nous trouvions fur un terrein couvert d'affez grands arbres ; nous avions perdu quelques inſtans à cauſer avec eux ; nous jetâmes précipitamment cinq ou ſix paquets de leſt, peſant huit ou dix livres, nous remontâmes tout de ſuite à leur grand étonnement, & à la plus grande hauteur que nous ayions tenue dans cette expérience. Il étoit neuf heures préciſes (1); le barometre deſcendit à 23 pouces & une demi-ligne, ce qui donne une élévation d'environ 942 toiſes (2). L'hygrometre de M. de Sauſſure marqua 65 degrés & demi; celui de M. Retz, qui étoit joint à notre barometre, étoit à 45; le thermometre à 17 degrés au deſſus de zéro. Il faut remarquer que dans toute notre traverſée, il n'a jamais été au deſſous de 15 degrés & demi. M. de Virly profita de cette aſcenſion pour préſenter de l'amadou à une lentille de 18 lignes de diametre, & de 6 lignes de foyer; il s'alluma ſur le champ.

Un fait aſſez important, & qui pourra

---

(1) Ces notes ſe ſont trouvées parfaitement d'accord avec celles qu'avoit retenu M. l'Abbé Bertrand, qui nous ſuivoit de ſon obſervatoire avec une grande lunette achromatique.

(2) Cet abaiſſement du mercure donne ſeulement 786 toiſes, ſuivant la regle de M. Luc, à quoi ajoutant 26 toiſes pour la correction de l'effet de la chaleur, la hauteur vraie ſe trouve, par ce calcul, de 812 toiſes.

étonner même les Phyſiciens, c'eſt qu'après avoir donné tant de fois iſſue au gas dilaté, au point de deſcendre juſqu'à terre ſi nous n'euſſions jeté du leſt, le Ballon ſe ſoit enſuite retrouvé aſſez plein pour courir riſque d'éclater ; c'eſt néanmoins ce que nous avons éprouvé, & qui nous a obligés de veiller ſans relâche au progrès de la dilatation, & d'ouvrir, de moment en moment, la ſoupape ſupérieure. Nous ſavions que les enveloppes de taffetas verni, étoient ſuſceptibles de prendre une chaleur conſidérable (1), & que la dilatation devoit croître en proportion ; nous avions encore obſervé, le 3 Juin, que notre Ballon rempli aux trois quarts d'air commun, & laiſſé la nuit à l'air, après qu'on eut meſuré, auſſi exactement qu'il étoit poſſible, ſa hauteur & la baſe ſur laquelle il repoſoit, s'étoit trouvé le lendemain à huit heures du matin, plus élevé de quatre pouces & demi ; ce qui annonçoit une augmentation de volume d'à peu près cent quatre-vingt-quatre pieds cubes. Mais ici le ſoleil ne nous avoit pas quitté un ſeul inſtant, & nous ne pouvions attribuer la condenſation qui nous avoit fait deſcen-

____

(1) Voy. ci-devant pag. 142 & 195.

dre, qu'à la difperfion des vapeurs dont nous avons parlé plus haut, qui en effet, avoient difparu fubitement, & qui, s'élevant jufqu'à nous, avoient fans doute refroidi l'athmofphere, fans y laiffer appercevoir aucune trace fenfible. Ces alternatives prefque fubites de condenfation & de raréfaction, nous paroiffent mériter la plus grande attention. M. Champy, notre confrere, avoit placé dans la gondole, au moment de notre départ, un inftrument deftiné à nous en avertir; c'eft un fiphon à trois branches, dont la premiere, prefque capillaire, communique par le moyen d'un robinet à une veffie pleine d'air; la feconde, bien plus groffe, contient une liqueur colorée qui s'éleve & s'abaiffe à mefure que l'air de la veffie eft raréfié ou condenfé, & la planche fur laquelle elle eft fixée, porte des divifions en lignes & pouces cubes, ou parties aliquotes de la capacité connue de la veffie. Cet inftrument très-fenfible peut devenir très-avantageux; mais nous croyons que, pour fuivre exactement les variations du Ballon, il faut le placer de maniere qu'il foit dans la même pofition par rapport à l'impreffion des rayons du foleil, & fur-tout que l'air foit de même nature & renfermé dans la même matiere.

L'inquiétude que nous cauſoit cette prodigieuſe dilatation, me fit penſer qu'on pourroit peut-être s'en garantir entiérement, en employant l'enveloppe ſolide dont j'ai parlé dans la premiere partie du rapport fait à l'Académie, de la 1ʳᵉ. expérience (1) : il ſuffiroit de l'expoſer à une dilatation graduée, on fermeroit le robinet lorſque le gas y ſeroit ſuffiſamment raréfié ; & comme le volume ne changeroit pas, on gagneroit encore de la légéreté.

On conçoit qu'il nous fut impoſſible de manœuvrer pendant tout le temps que dura cette nouvelle dilatation, & nous ſuivîmes la ligne 7-8 en paſſant ſur le bois de Saint-Julien M, ſur celui d'Arcelot N, laiſſant le Village à notre droite ; il eſt probable que le vent avoit alors changé, quoiqu'il ne marquât aucune direction décidée ſur les flammes de notre avant, puiſqu'il dut néceſſairement influer ſur notre marche, non-ſeulement dans cette ligne, mais encore dans les lignes 9-10 & 11-12.

Arrivés ſur les carrieres de Dromont R, qui ſe trouvoient perpendiculairement ſous nos fils à plomb, étant pour lors raſſurés

---

(1) Pag. 40.

fur la dilatation, nous prîmes la réfolution de profiter du calme pour nous porter en droite ligne fur Dijon. M. de Virly manifefta cette intention par un billet attaché à une pelotte, qui pouvoit pefer 2 onces, portant bande-role, qu'il laiffa tomber tout près de ce hameau à 9 heures 17 minutes, le barometre à 23 pouces 5 lignes, & le thermometre à 18 degrés; fa chûte jufqu'à terre, où nous la revîmes après qu'elle fut arrêtée, fut de 37 fecondes.

Ayant viré par le gouvernail, nous fîmes force de rames, & nous marchâmes en effet dans la direction 8-9, fur une longueur d'en-viron deux cents toifes. Nous aurions pro-bablement rempli notre projet, fi nous euffions pu fuffire au travail qu'il exigeoit; mais la chaleur & la fatigue nous obligerent de le fufpendre; le vent toujours très-foible, nous fit repaffer une troifieme fois le chemin de Mirebeau, & nous parcourûmes l'efpace 9-10 tirant vers Binge.

Là ayant apperçu à peu de diftance, fur notre gauche, une petite Ville (nous avons fu depuis que c'étoit Mirebeau), nous re-prîmes courage, efpérant de pouvoir au moins arriver à quelque lieu déterminé, &

nous

nous fîmes une route d'environ 500 toifes (1) fur la ligne 10-11.

Nous reconnûmes bientôt que malgré nos efforts, nous tournions fur Belleneuve ; nous paffâmes fur ce Village T ; nous découvrimes un bois entre Trochere & Etevaux ; nous nous fentions déjà baiffer ; nous nous difpofions à jeter du left pour nous relever ; mais étant parvenus jufques fur la piece de terre U, nous préférâmes de nous laiffer aller, pour prendre à loifir une connoiffance plus entiere de ce qui nous reftoit de left, des chofes dont nous pouvions nous débarraffer, & de ce que nous pourrions tenter en conféquence : nous defcendîmes donc affez doucement, quoiqu'avec un mouvement un peu

---

(1) Cette manœuvre a été obfervée de Talmay, village fitué à l'eft-fud-eft de Mirebeau. Le Curé de ce lieu écrivit le lendemain à M. Pichon, qui m'a communiqué fa lettre, qu'on nous avoit vu diriger fur fon clocher en coupant le vent qui portoit alors les nuages fur Pontalier, c'eft-à-dire, un peu plus loin qu'Etevaux, fur la même ligne. Cette obfervation confirme ce que nous avons dit, que nous avions éprouvé un changement de vent du point 7 au point 12 de notre route, & qu'il avoit réellement paffé du nord-nord-oueft à l'oueft-nord-oueft. Ainfi, la ligne de notre marche faifoit, en ce moment, un angle d'à peu près 60 degrés avec la ligne du vent.

O

accéléré, fur une piece de bled entre ce bois & la prairie d'Etevaux.

Il étoit 9 heures 45 minutes; nous avions encore 15 livres de left, & beaucoup d'effets que nous pouvions laiffer. Nous vîmes accourir à nous un Eccléfiaftique & grand nombre de payfans; nous les attendîmes pour favoir précifément où nous étions, car la facilité avec laquelle nous avions d'abord diftingué à terre tous les objets, nous avoit fait négliger la bouffole, & les nuages nous avoient enfuite dérobé les points principaux qui auroient pu nous guider. Nous apprîmes bientôt que ce village fe nommoit Etevaux; c'étoit le Vicaire de ce lieu, accompagné de fes Paroiffiens, qui venoit à notre rencontre.

Nous étions tellement en équilibre, que le moindre fouffle nous auroit fait courir à terre, comme fi nous euffions gliffé. Pour nous fixer, M. de Virly pria un de ceux qui étoient accourus, & qui avoit en bandouliere une groffe chaîne de fer, de nous la prêter pour charger quelques inftans la gondole; d'autres nous donnerent leurs fabots, & nous commencions à gagner affez de poids pour refter immobiles. M. le Vicaire d'Etevaux nous avoit fait en arrivant, les inftances les plus honnêtes pour aller prendre chez lui

quelques momens de repos ; il nous fit obferver que la foule qui accouroit de tous les
villages voifins, gâteroit le bled fi nous y
reftions : nous priâmes un de fes Paroiffiens
de prendre le cordeau de notre ancre, & de
marcher devant nous jufqu'à la prairie ; nous
avions ôté de la gondole ce que nous y
avions mis, & même deux paquets de left,
pour nous élever de terre de quelques pieds :
plufieurs Habitans d'Etevaux s'emprefferent
d'aider celui qui tiroit le cordeau ; M. le
Vicaire lui-même voulut être notre conducteur ; nous fûmes bientôt rendus à la prairie.

Arrivés à la prairie, nouvelles inftances
de nous laiffer conduire de même jufqu'au
village ; elles étoient accompagnées de tant
de démonftrations de joie & d'amitié, que
nous ne pûmes nous y refufer.

Arrivés devant le Presbytere, nous fîmes
attacher les quatre grandes cordes du cercle
équatorial, que nous avions ramenées à nous
au moment de notre départ, & nous mîmes
pied à terre, laiffant notre Aéroftate affez
élevé pour que l'on ne pût rien y toucher.

Nous n'étions pas encore entrés dans la
maifon, que nous eûmes la fatisfaction de
voir arriver fucceffivement M. le Préfident
de Vefvrotte, M. Amelot de Chaillou, M.
le Marquis de Saffenay, & plufieurs de nos

O ij

amis qui nous avoient fuivis à cheval à travers les champs & les bois, & qui furent bien étonnés d'apprendre qu'ils n'étoient qu'à quatre lieues & demie de Dijon, en ayant fait neuf ou dix.

Notre expérience n'étoit pas finie, & nos agrêts étoient tout entiers, comme à l'inftant de notre départ : nous nous propofions toujours d'effayer à quel degré près du vent nous pourrions diriger, s'il devenoit plus fort & plus réglé. Nous n'avions pas ofé verfer nos bouteilles d'eau pour prendre de l'air, lors de notre plus grande afcenfion, dans la crainte de nous délefter ; nous avions remis cette opération au moment où le Ballon ne pouvant porter qu'un de nous, le jeu des manœuvres feroit beaucoup plus difficile. Nous avions cru devoir, pour notre fûreté, placer à l'extrêmité de l'avant, un conducteur formé par une treffe de galon faux, de cent dix pieds de longueur, terminé en haut par une pointe de laiton, en bas par huit branches divergentes fur un cercle de baleine : nous avions fufpendu près de la pointe un électrometre, mais il s'étoit trouvé trop élevé pour qu'il nous fût poffible d'en obferver le jeu depuis la gondole ; il étoit intéreffant de le replacer plus à la portée de notre vue. Nous defirions enfin effayer l'effet des rames de l'équateur, pour déterminer la defcente, ce qui ne nous avoit pas été poffible jufques-là, parce que les cordes frottoient trop rudement fur le taffetas, lorfque nous avions voulu le tenter, le Ballon plein, & que cette manœuvre auroit pu nous faire illufion, lorfque la partie inférieure s'applatiffoit naturellement.

Il nous vint en penfée que nous pourrions nous faire mener à la remorque jufqu'à Dijon, comme nous étions venus à Etevaux; nous y avions laiffé les appareils tout dreffés, & des matieres pour remettre en peu d'heures notre Ballon au même état qu'il avoit été le matin : il nous étoit donc facile de compléter le lendemain notre expérience fous les yeux de MM. les Soufcripteurs.

Nous partîmes d'Etevaux à midi & demi, dans cette réfolution; nous prîmes la route de Dijon affis dans notre gondole, quatre Habitans d'Etevaux tenant nos quatre cordes, & quatre autres marchant à côté de nous pour foutenir la gondole qui baiffoit par la direction qu'on donnoit aux grandes cordes pour tirer le Ballon. Nous marchâmes ainfi jufqu'à la hauteur de Couternon Z, c'eft-à-dire près de deux lieues & demie, accompagnés d'un nombreux cortege, qui fe groffiffoit à mefure que nous avancions, & recevant fur toute la route, & dans les villages où nous paſſions, des témoignages marqués de la ſatisfaction publique. Nous remarquâmes ſeulement quelques femmes & des enfans en petit nombre, qui s'enfuyoient dans les champs à notre approche. Un ſeul cheval, de tous ceux que nous rencontrâmes, parut prendre l'effroi, & fit paſſer dans le foſſé la voiture à laquelle il étoit attelé, mais ſans aucun accident.

Lorſque nous paſſâmes ſur les petits ponts vis-à-vis Couternon, il s'éleva de ce côté un vent très-vif (1) qui porta le Ballon au nord. Etant arrêté par les cordes, cette force tendoit à le coucher; le cercle équatorial caſſa en pluſieurs endroits; les rames de la gondole porterent à terre; tous les agrêts couroient riſque d'être briſés; la ſoupape s'ouvrit pluſieurs fois par la poſition que prenoit le Ballon, & qui tendoit le cordon;

____

(1) L'obſervation de ce courant impétueux venant directement du ſud, en plaine, dans une ligne très-étroite, qui ne peut par conſéquent être circonſcrite que par l'athmoſphere même de quelques ruiſſeaux & des prairies qu'ils arroſent, peut être ajoutée à ce que j'ai dit, pag. 113 & ſuiv., des cauſes locales des vents. Lorſqu'on eut traverſé ce courant, le Ballon, encore aſſez plein pour ſe ſoutenir en l'air, fut ramené juſqu'à Dijon avec la même tranquillité qu'auparavant.

il fallut fur le champ défappareiller. Un voyageur nous offrit très-obligemment de prendre fur le devant de fa voiture, la gondole, fes rames, & tout ce qui pouvoit fe plier; nous fîmes porter à la main les bois du gouvernail & les rames de l'équateur. Le Ballon ainfi déchargé, fut ramené à Dijon, jufques dans l'enclos d'où il étoit parti, & M. le Prieur de Mirebeau nous ramena lui-même dans fa voiture à la Ville, où nous arrivâmes vers les quatre heures du foir.

Ainfi, nous n'eûmes à regretter de cet accident, que la fatisfaction de revenir au point de départ dans notre Aéroftate, conduits à la remorque, & plus encore la poffibilité de répéter & compléter l'expérience le lendemain, comme nous nous en étions flatrés.

Après avoir décrit avec l'exactitude la plus fcrupuleufe, tout ce que nous avons fait & obfervé, nous croyons devoir ajouter ici quelques réflexions qui peuvent contribuer aux progrès de l'art aéroftatique, & qui auroient interrompu le fil de la narration.

Lorfque le vent étoit fenfible, la réfiftance latérale de l'avant décidoit peu à peu l'Aéroftate à prendre une pofition parallele au courant, la proue fendant l'air.

Par un vent moins fort, le gouvernail reftant dans le milieu de l'arc de fa révolution,

fans y être affujetti, s'eft quelquefois préfenté le premier, & nous marchions par
l'arriere; quelquefois auffi l'avant & le gouvernail faifoient voile (1), & nous étions
portés quelques inftans par le travers. Il nous
étoit facile d'obferver toutes ces évolutions,
en regardant l'ombre très-prononcée de
l'Aéroftate fur les champs que nous traver-
fions ; mais cela ne duroit qu'autant que nous
ne faifions aucunes manœuvres ; le gouvernail
feul a toujours décidé la pofition : le déplacement étoit plus prompt, quand on faifoit
travailler en même temps les rames de l'équateur, & même de la gondole.

Pour s'affurer de l'effet du gouvernail, M.
de Virly m'avoit propofé, dès que nous fûmes élevés, de manœuvrer pour placer à
l'avant un chemin qui faifoit alignement à
l'arriere; je le laiffai agir feul; il y parvint
en très-peu de temps ; cette expérience a été
répétée plufieurs fois avec le même fuccès,
tournant à droite ou à gauche à volonté.

Enfin, nous avons obfervé qu'il feroit utile
de placer les rames de l'équateur à l'extrêmité
d'un axe prolongé d'environ 10 à 12 pouces,
pour que, dans aucun cas, leur jeu ne fût

____

(1) Voy. ci-devant pag. 123.

gêné par le frottement des cordes fur le Ballon, ce qui peut être exécuté tout auffi facilement & de la même maniere que le point d'appui du centre de révolution de notre gouvernail, qui fe trouve folidement établi à plus de 22 pouces de l'équateur; on y gagnera encore la liberté de donner à la furface des pales de ces rames, toute l'amplitude dont elles font fufceptibles, & qui n'avoit été bornée que dans la crainte qu'elles ne s'approchaffent trop du Ballon.

Fait à Dijon le 15 Juin 1784, en l'hôtel de l'Intendance, où avoient été invités de fe rendre ceux qui s'étoient trouvés à notre defcente, & qui ont bien voulu figner avec nous ce procès-verbal.

Signé, DE MORVEAU & DE VIRLY.

Et à la fuite : DE VESVROTTE, DEMANCHE, AMELOT, *le Marquis* DE SASSENAY, DE MEIXMORON *fils;* BUVANT, *Prêtre Vicaire d'Etevaux;* LEFAY, D'OISILLY, ROYER; DUMAY, *Echevin perpétuel de Mirebeau, Alcade des Etats de Bourgogne;* DUMAY, *Avocat, Juge de Mirebeau;* LEFEUBRE, *Confeiller du Roi;* & RUDE.

EXPLICATION des lettres de renvoi de la carte, planche III.

A. Enclos des Argentieres, point de départ.
B. Le parc près la Colombiere.
C. Cromoy.
D. Saint-Apollinaire.
E. Le parc de Pouilly.
F. Epirey.
G. Chemin de Dijon à Langres.
H. Chemin d'Is-sur-Tille.
I. Ventoux.
K. Ruffey.
L. Echirey.
M. Grand bois de Saint-Julien.
N. Bois routé d'Arcelot.
O. Arcelot.
P. Chemin de Dijon à Mirebeau.
Q. Dromont.
R. Carrieres de Dromont.
S. Mirebeau.
T. Belleneuve.
V. Trochere.
U. Terres d'Etevaux.
X. Etevaux.
Y. Binge.
Z. Couternon.
AA. Bois entre Trochere & Etevaux.
BB. Varoy.

E S S A I

SUR les moyens d'appliquer la découverte de MM. de Montgolfier, à l'extraction des eaux dans les profondeurs des mines.

Lu à l'Académie le 18 Novembre 1783, par M. de Morveau.

CEUX qui connoissent le travail des mines, savent combien il est difficile d'extraire des souterreins les eaux qui y affluent sans cesse, & qui souvent forcent d'abandonner les veines & les filons les plus riches. Les uns creusent des réservoirs, ou font venir par des canaux, des eaux de plusieurs lieues, pour faire mouvoir leurs pompes; d'autres les font aller par des chevaux. La pompe à feu, dont les effets sont si puissans, ne peut être employée que dans les mines de charbon, où leur consommation devient encore un objet très-considérable & fort onéreux. La pompe à feu de Montrelais, que j'ai eu occasion de voir cette automne en Bretagne, consomme près de 6 quintaux par heure, ou 40 bennes en 12 heures que dure le travail.

Ces confidérations m'ont engagé à examiner fi on ne pourroit pas tirer parti de la
découverte des Ballons aéroftatiques pour ces
épuifemens.

J'ai reconnu d'abord qu'il n'étoit pas poffible de loger ces Ballons dans l'intérieur des
puits, l'air plus pefant des fouterreins feroit
fans doute un avantage, mais le diametre
qu'ils exigent, ne permet pas cette fpécula-
tion.

Il ne faut pas fonger à les placer immédiatement au deffus ; 1°. ils n'agiroient dans
cette fituation que pour élever, & on a bien
plus befoin de force defcendante, puifqu'il
n'y a que les pompes foulantes qui puiffent
fervir à l'épuifement des eaux, au deffus de
32 pieds. 2°. Cette difpofition feroit très-
dangereufe pour ceux qui fe trouveroient
dans les fouterreins, fi le globe venoit à s'en-
flammer.

Rien n'empêche de le placer à quelque
diftance, comme le repréfente le deffin que
je mets fous les yeux de l'Académie. *Voyez
planche IV.*

A eft un globe de 60 pieds de diametre,
d'environ 11310 pieds de furface, que l'on
peut conftruire même affez folidement, à la
maniere de MM. de Montgolfier, en groffe
toile, avec papier collé en dedans & en de-

hors, & celui du dehors verni, fans qu'il pefe plus de 14 à 1500 livres, compris la carcaffe intérieure.

Un pareil globe déplaçant 108000 pieds cubes d'air, lorfqu'il fera rempli d'air dilaté par la chaleur, que l'on peut fuppofer, d'après les eftimations qui en ont été données, à environ moitié moins de pefanteur que l'air commun, il jouira dans ce fluide d'une légéreté refpective ou force d'afcenfion égale à 3710 livres.

J'applique cette force à la bafcule B C, à laquelle le globe tendant à s'élever, la communique par la poulie de renvoi D.

Mais le levier C de cette bafcule étant double du levier B, il eft évident que ce dernier peut être chargé d'un poids double, c'eft-à-dire 7420.

Je réduis cette fomme à 6000 à caufe des frottemens, & je place en effet un corps de cette pefanteur E fur le pifton d'une pompe foulante F, placée au fond du puits G, de maniere que ce corps pefant ne puiffe fe déranger de la ligne perpendiculaire, & qu'il faffe gliffer la tige du pifton dans les collets qui l'affujettiffent, dès que la chaîne de fufpenfion fe détend par le retour du bras B de la bafcule.

Il eft évident qu'en jetant dans le réchaut H, de la paille, des feuilles féches, des copeaux de bois, des mottes de Tanneurs, ou autres matieres capables de donner une flâme vive & prompte, mais qui ait peu de consistance, cette flamme s'élevera bientôt dans le globe au dessous duquel le réchaut est suspendu; il se remplira donc de cet air chaud dilaté, qui, gagnant le dessus, pressera par son ressort l'air plus condensé, & le forcera à descendre & à sortir par le col du Ballon K. Alors le globe se trouvant une fois plus léger que l'air dans lequel il est plongé, fera baisser le levier C jusqu'à ce qu'il repose sur le madrier L; de sorte que le poids de 6000 E, ainsi que le manche du piston auquel il est attaché, monteront de M en N, & forceront ainsi l'eau à entrer dans le corps de pompe par le clapet inférieur. Mais si on cesse d'entretenir la flamme du réchaut, l'air du Ballon se condense, il ne peut plus faire équilibre au poids E qui reprend toute son énergie, & l'eau foulée par une force de 6000 livres, ouvre le clapet latéral, & monte successivement dans le tuyau de pompe O jusqu'à ce qu'elle forte enfin en P (1).

____

(1) Cette force de six milliers pourroit suffire au jeu d'une pompe dont les tuyaux auroient 8 pouces de diametre, & 240 pieds & plus de hauteur, puisqu'une pareille colonne ne peseroit pas tout-à-fait 84 pieds cubes d'eau, ou 5880 livres.

Il fera aifé, fi on le defire, de rendre l'alternative de condenfation plus rapide, comme on le fait par l'injection dans la pompe à feu; il fuffira pour cela d'avoir un fort foufflet qui pouffera de l'air frais dans l'intérieur, ou encore mieux une large foupape en Q, qui s'ouvrira d'elle-même au point donné par la tenfion du cordon R (1).

Il me femble que la premiere conftruction d'une pareille machine coûteroit moins que la plupart de celles qui font en ufage pour le même objet, qu'elle exigeroit bien moins de réparations, d'entretien, & ce qui eft le point capital, que la dépenfe journaliere feroit fort au deffous de la dépenfe des pompes à feu, que l'on regarde comme les plus avantageufes; en un mot, que la confommation du combuftible feroit, à très-peu près, dans le rapport de la facilité avec laquelle l'air & l'eau fe raréfient, puifque l'une & l'autre de ces forces dépendent uniquement des différens états dans lefquels ces fluides font mis par la chaleur actuelle.

On objectera peut-être que les vents con-

---

(1) Au lieu d'un cordon, on pourroit mettre une chaînette dans la partie qui avoifine le feu; & dans ce cas, il feroit plus avantageux de la faire tirer horifontalement, fans poulie de renvoi.

trarieront le jeu de cette machine, & pouffant le Ballon d'un ou d'autre côté, diminueront fa force d'afcenfion, en l'éloignant de la perpendiculaire, ou même en arrêteront entiérement l'effet, lorfqu'ils feront plus violens. Je réponds d'abord que cet obftacle ne feroit qu'accidentel, & qu'ici le produit de la puiffance eft tel, qu'il pourroit fuffire avec une perte confidérable, & en profitant des temps calmes. Mais je ne vois pas l'impoffibilité de remédier à cet inconvénient, foit en plaçant le Ballon entre quatre poteaux qui le dirigent, foit en conftruifant à côté des puits une cage pour l'abriter : comme d'une part il ne faut que douze pieds d'afcenfion, que d'autre côté on peut enfoncer en terre toute la partie de la machine qui eft au deffous du réchaut, des murs de cinquante pieds fuffiroient pour porter le comble qui en logeroit une partie ; ce feroit fans doute une dépenfe confidérable, mais ce feroit une dépenfe une fois faite, & on eft bientôt dédommagé de la plus forte dépenfe de ce genre, par la plus petite diminution fur les confommations journalieres.

F I N.

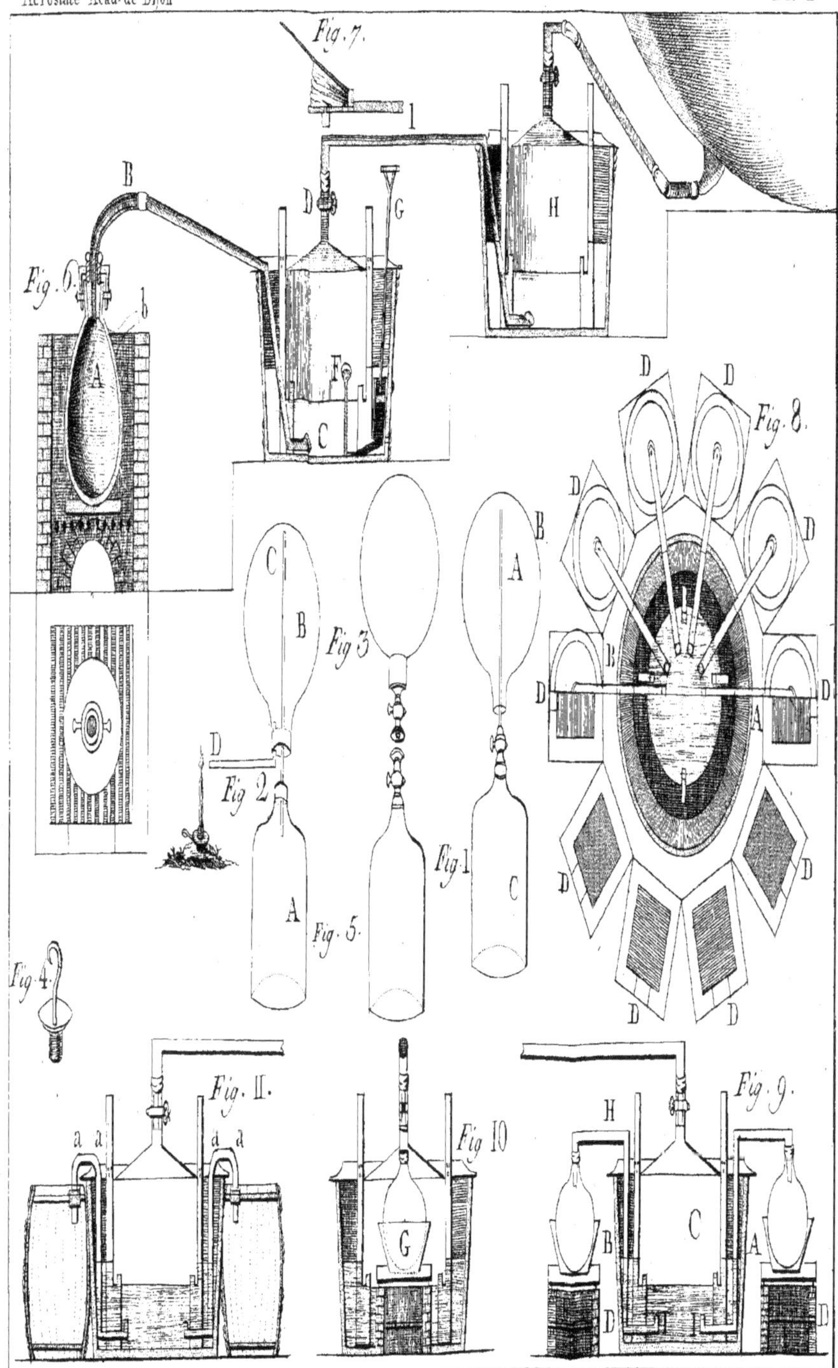

Fig. 7.
Fig. 6.
Fig. 3.
Fig. 2.
Fig. 1.
Fig. 4.
Fig. 5.
Fig. 8.
Fig. 11.
Fig. 10.
Fig. 9.
A
B
C
D
F
G
H
I
12 Piat.

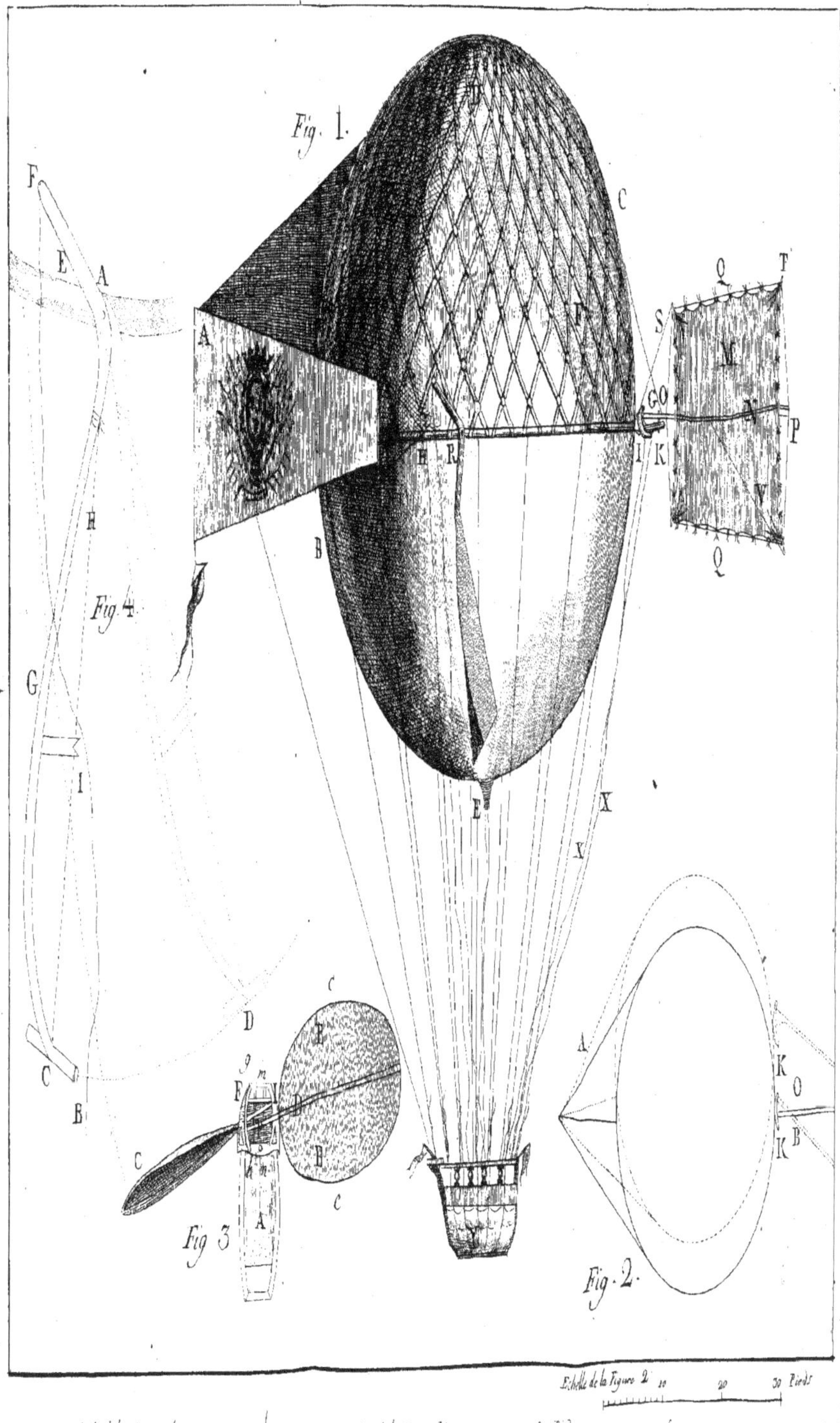
Fig. 1.
Fig. 2.
Fig. 3.
Fig. 4.
Echelle de la Figure 4.
Echelle de la Figure 1.
Echelle de la Figure 2
Echelle de la Figure 3
Pieds

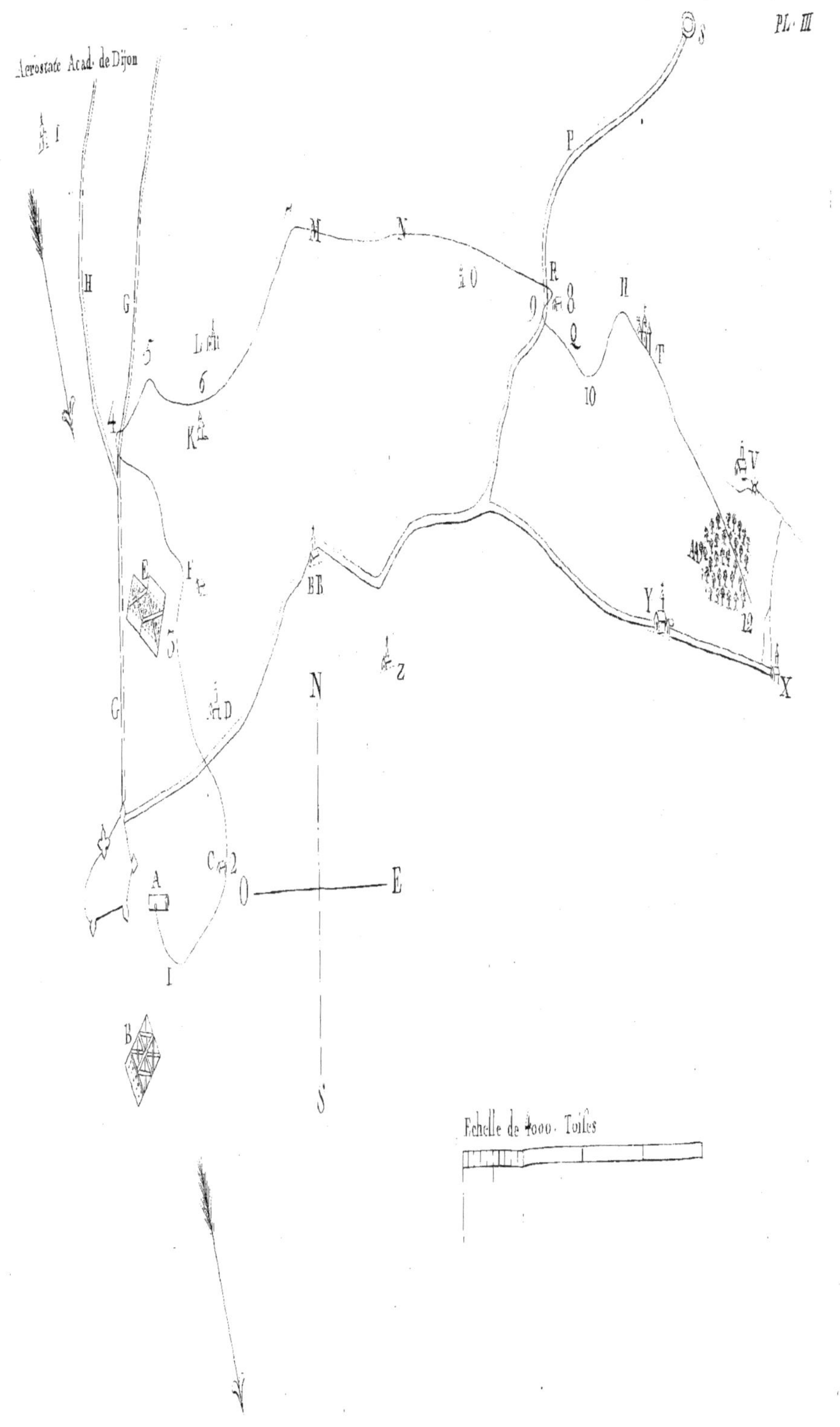

PL. III
Aerostate Acad. de Dijon
S
P
R
M
N
10
Q
8
9
H
T
10
V
5
L
6
H
K
4
E
F
12
BB
Y
X
G
3
Z
N
G
H
D
C
2
O
E
A
I
B
S
Echelle de 4000. Toiles

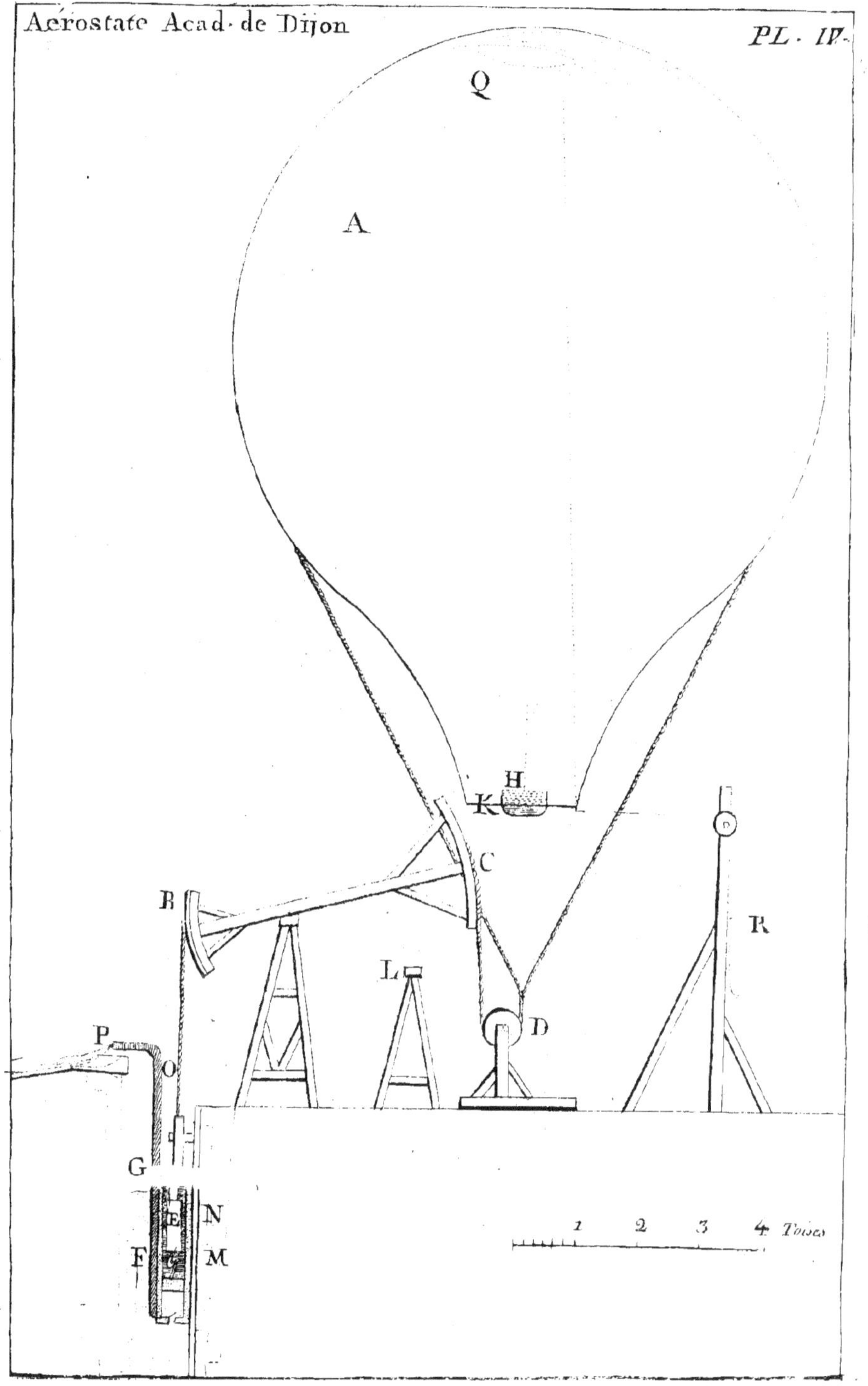

Aérostate Acad. de Dijon
PL. IV.
Q
A
H
K
C
B
L
D
P
O
R
G
E
N
F
M
1 2 3 4 Toises

www.ingramcontent.com/pod-product-compliance
Lightning Source LLC
LaVergne TN
LVHW011001180726
843502LV00004B/1272